Andreas Jägers (Hrsg.)

Ein »theological turn« in der christlichen Jugendarbeit

Impulse von Andrew Root

Verlag W. Kohlhammer

Die dem Band zugrundeliegende Tagung *Theory and Practice of Youth Ministry* vom 20. bis 21.06.2024 an der *Internationalen Hochschule Liebenzell (IHL)* wurde von der DEICHMANN Stiftung gefördert.

1. Auflage 2026

Alle Rechte vorbehalten
© W. Kohlhammer GmbH, Stuttgart
Gesamtherstellung: W. Kohlhammer GmbH, Heßbrühlstr. 69, 70565 Stuttgart
produktsicherheit@kohlhammer.de

Print:
ISBN 978-3-17-045760-7

E-Book-Formate:
pdf: ISBN 978-3-17-045761-4
epub: ISBN 978-3-17-045762-1

Dieses Werk einschließlich aller seiner Teile ist urheberrechtlich geschützt. Jede Verwendung außerhalb der engen Grenzen des Urheberrechts ist ohne Zustimmung des Verlags unzulässig und strafbar. Das gilt insbesondere für Vervielfältigungen, Übersetzungen, Mikroverfilmungen und für die Einspeicherung und Verarbeitung in elektronischen Systemen.
Für den Inhalt abgedruckter oder verlinkter Websites ist ausschließlich der jeweilige Betreiber verantwortlich. Die W. Kohlhammer GmbH hat keinen Einfluss auf die verknüpften Seiten und übernimmt hierfür keinerlei Haftung.

Kohlhammer

Inhalt

Vorwort 7
Andreas Jägers

Einführung 9
Andreas Jägers

Christliche Jugendarbeit als Jüngerschaft in säkularen Zeiten 14
Andrew Root

Reflections from an *Ausländerin* (Response) 33
Gretchen Schoon Tanis

Jugendarbeit als Aufgabe, von Gott zu sprechen. 46
Herausforderungen durch den immanenten Rahmen des Säkularen Zeitalters
Andrew Root

Jugendarbeit im Scherbenhaufen der Kirche. 66
Zum Verhältnis von Säkularisierung und *youth ministry* bei Andrew Root und
darüber hinaus (Response)
Andreas Kubik

Kann Jugendarbeit theologisch sein? 83
Erkundungen der Praktischen Theologie bei Dietrich Bonhoeffer
Andrew Root

Die Kirche nach Innovation: 95
Was Karl Barth und Hartmut Rosa zum Überdenken von Praktischer Theologie und Gemeindearbeit heute beitragen können
Andrew Root

Wie man Beschleunigung zur Schnecke macht (Response) 112
Ralph Kunz

Beiträgerin und Beiträger 123

Vorwort

Andreas Jägers

Der vorliegende Band bildet die Konferenz *Theory and Practice of Youth Ministry* vom 20. bis 21.06.2024 an der *Internationalen Hochschule Liebenzell (IHL)* ab. Der Ursprung dieser Veranstaltung lag in der freundlichen Initiative von Andrew Root selbst, der seinen Besuch und Beitrag angeboten hatte, wofür ihm der erste Dank gilt. Die Hochschulleitung der IHL hat die Idee für diese Tagung positiv aufgenommen und unterstützt, wobei besonders Prorektor Prof. Dr. Roland Deines ein ideeller und praktischer Unterstützer war.

Die Durchführung einer solch einmaligen Veranstaltung wurde durch die großzügige finanzielle Unterstützung der DEICHMANN-Stiftung deutlich weniger riskant, wofür hier ebenfalls ein ausdrücklicher Dank festgehalten werden soll.

Bei der Durchführung waren eine Vielzahl von Studierenden und Mitarbeitenden der IHL beteiligt, die zum Gelingen beigetragen haben. Hervorzuheben ist die Forschungsassistentin Larissa Meister, die intensiv in die Organisation und Umsetzung der Konferenz eingebunden war. Beim Transkribieren und der Übersetzung der englischen Beiträge ins Deutsche hat die Studentin Luisa Weinhold wertvolle Arbeit geleistet. Auch Dieter Kastner, Aline Jägers und Daniela Peußer haben durch das Korrekturlesen der Manuskripte tatkräftig unterstützt.

Schließlich gilt auch dem Kohlhammer-Verlag und im Besonderen Herrn Sebastian Weigert als Lektor Dank für die Aufnahme dieses Bandes in das Programm des Verlags.

Einführung

Andreas Jägers

Christliche Kinder- und Jugendarbeit

Im deutschsprachigen Diskurs der Praktischen Theologie fristet die christliche Kinder- und Jugendarbeit ein Nischendasein. Dafür gibt es unterschiedliche Gründe. Historisch ist die Praktische Theologie aus der Pastoraltheologie heraus entstanden, was sich teilweise bis in die Gegenwart hinein auswirkt.[1] Die Aufgaben von Pastoralpersonen in Bezug auf Kinder und Jugendliche waren (und sind) vornehmlich die Praxisfelder des Religions- und Konfirmations- bzw. Firmunterrichts. Diese Handlungsfelder finden aktuell auch eine relativ breite wissenschaftliche Reflexion. Darüber hinaus haben Thomas Schlag und Friedrich Schweizer einen anhaltenden Diskurs über ›Jugendtheologie‹[2] angestoßen, wobei Jugendliche verstärkt als Subjekte im religiösen Vollzug in den Blick gerückt wurden.

Die klassische Jugendarbeit mit Jungscharen, Jugendgruppen usw. hat ihre Wurzeln hingegen in der Zeit der Jugendbewegungen Anfang des 20. Jahrhunderts, in der sich Jugendliche selbst organisierten und zu Bünden zusammenschlossen. Eine engere Anbindung an Ortsgemeinden wurde erst aufgrund der Zwangseingliederung der Jugendverbände in die Hitlerjugend während des Nationalsozialismus notwendig.[3] Doch bis in die Gegenwart spielt die damals entstandenen christlichen Jugendbewegungen wie beispielsweise CVJM und EC (Entschieden für Christus e.V.) in der christlichen Kinder- und Jugendarbeit eine erhebliche Rolle.[4] Dieses Praxisfeld kirchlichen Handelns ist aber verhältnismäßig wenig beleuchtet. Neben einigen Überblickswer-

---

1 Vgl. Grethlein, Christian / Meyer-Blanck, Michael, Geschichte der Praktischen Theologie im Überblick – eine Einführung, in: dies. (Hg.): Geschichte der Praktischen Theologie. Dargestellt anhand ihrer Klassiker, Arbeiten zur praktischen Theologie 12, Leipzig 1999, 5f.
2 Vgl. Schlag, Thomas / Schweizer, Friedrich, Brauchen Jugendliche Theologie? Jugendtheologie als Herausforderung und didaktische Perspektive, Neukirchen-Vluyn 2011.
3 Vgl. Treusch, Ulrike, Vom Handeln zum Begriff? – Ein Beitrag zur Geschichte missionarischer Jugendarbeit, in: Karcher, Florian / Zimmermann, Germo (Hg.): Handbuch missionarische Jugendarbeit, BMJ 1, Neukirchen-Vluyn 2016, 85–97.
4 Nach einer Erhebung der Evangelischen Kirchen in Baden und Württemberg sind 70 % ihrer Gruppen für Junge Erwachsene an einen Verband angeschlossen. Vgl. Ilg, Wolgang u. a., Jugend zählt 2. Einblicke und Perspektiven aus der Statistik 2022 zur Arbeit mit Kindern und Jugendlichen in den Evangelischen Landeskirchen Baden und Württemberg und ihrer Diakonie, Stuttgart 2024, 124.

ken[5] existieren nur wenige Publikationen, die sich tiefergehend mit der Thematik befassen.[6]

Anders sieht es im internationalen Kontext aus. Beispielsweise in den USA wurde bereits in den 1980er Jahren damit begonnen, Lehrstühle für *Youth Ministry* an den Universitäten einzurichten. Im Jahr 1995 wurde die *International Association for the Study of Youth Ministry (IASYM)*[7] als Plattform für Forschende auf diesem Arbeitsfeld gegründet. Die Vereinigung publiziert seit 2001 das inzwischen bei Brill erscheinende *Journal of Youth and Theology (JYT)*. Einen Überblick zum Forschungsstand bietet das von führenden Protagonisten der Vereinigung herausgegebene *Acadamic Handbook in Youth Ministry Research*[8].

Von Beginn an gibt es von den Forschenden dieser Vereinigung die Bemühung, *Youth Ministry* von der Religions- bzw. Gemeindepädagogik zu entkoppeln und als eigenständige Subdisziplin der Praktischen Theologie zu etablieren.[9] In der deutschsprachigen Theologie wurden die Diskurse zu diesen Themenfeldern bisher kaum rezipiert. Ein Grund hierfür liegt sicherlich auch darin, dass die Praktische Theologie naturgemäß an die Kulturen der jeweiligen Kontexte anknüpft und eine Internationalisierung nicht so sehr wie in anderen Disziplinen vorangetrieben wird.[10]

Andrew Root

Andrew Root (*1974) kann als einer der weltweit führenden Wissenschaftler zum Thema Youth Ministry betrachtet werden. Der Inhaber der Professur für *Youth and Family Ministry* am *Lutherischen Seminar in St. Paul, Minnesota (USA)* hat bereits 21 Mo-

---

5   Vgl. Kaiser, Yvonne u. a. , Handbuch Jugend. Evangelische Perspektiven, Oplanden / Berlin 2013. Und: Kaupp, Angela / Höring, Patrik, Handbuch Kirchliche Jugendarbeit. Für Studium und Praxis, Freiburg 2019.
6   Wesentliche Forschungsarbeit wurde von den Lehrkräften der CVJM Hochschule in Kassel durch die Publikation von Grundlagenwerken geleistet. Z. B.: Karcher / Zimmermann (Hg.), Handbuch missionarische Jugendarbeit. Auch die Publikationen von Wolfgang Ilg sind zu erwähnen, besonders: Ilg, Wolfgang, Jugendarbeit gestalten, Praktische Theologie konkret 4, Göttingen 2021.
7   Vgl. https://iasym.net/ [2025-01-17].
8   Vgl. De Kock, Jos / Norheim, Bård, The Five Questions. An Academic Handbook in Youth Ministry Research, Eugene 2022.
9   Vgl. De Kock / Norheim, The Five Questions, 6.
10 Friedrich Schweitzer hat bereits 1999 eine »international-vergleichende Praktische Theologie [als] Desiderat von kaum zu überschätzender Bedeutung« (:594) herausgearbeitet: Schweitzer, Friedrich, Praktische Theologie in Nordamerika, in: Grethlein, Christian / Meyer-Blanck, Michael (Hg.): Geschichte der Praktischen Theologie, 565–596. Albrecht Grötzinger resümiert 2024 unter »Desiderate«, dass »ein Lehrbuch, das Schlussfolgerungen aus der Internationalisierung der Praktischen Theologie für den deutschsprachigen Kontext zieht und benennt« fehlt. Vgl. Grözinger, Albrecht, Praktische Theologie und Ästhetik (1978) – ein persönlicher Rückblick, in: Verkündigung und Forschung 69/2 (2024), 83–101.

nografien[11] und eine Vielzahl von Aufsätzen und anderer Veröffentlichungen[12] zum Themenkomplex veröffentlicht. Im Academic Handbook in Youth Ministry Research wird er, neben dem Mitverfasser Jos de Kock, am häufigsten zitiert; außerdem wurde sein Schaffen in eigenen Teilkapitel[13] aufbereitet. Er steht für den *Theological Turn in Youth Ministry*, womit er sich gegen die ständige Jagd nach neuen Trends im Handlungsfeld der christlichen Jugendarbeit wendet. Stattdessen müsse die Praxis stets theologisch begründet werden, was für ihn auch bedeutet, dass »practical theology is about the concrete and lived«[14] und sie daher nach der »encounter of the divine and the human«[15] fragen müsse.

Die Konferenz Theory and Practice of Youth Ministry

Mit der Konferenz *Theory and Practice of Youth Ministry* vom 20. bis 21.06.2024 an der *Internationalen Hochschule Liebenzell (IHL)* wurden somit drei Desiderate adressiert.

Zunächst sollte das Arbeitsfeld *Youth Ministry* und die weltweite Forschung zum Thema in den Diskurs der deutschsprachigen Praktischen Theologie eingebracht werden. Mit Andrew Root konnte einer der führenden internationalen Wissenschaftler auf diesem Arbeitsfeld als Hauptreferent gewonnen werden, der in vier *Keynotes* einen Überblick zu seinem Werk gegeben hat. Seine Beiträge erscheinen in übersetzter Fassung in diesem Band, womit Root hier erstmalig in deutscher Sprache[16] für ein breiteres Publikum verfügbar wird.

Weiter wurde von drei Forschenden aus dem deutschsprachigen Raum mit einer *Response* auf Roots Vorträge ein Beitrag zur Internationalisierung der Praktischen Theologie geleistet. Mit Andreas Kubik Boltres (Osnabrück) und Ralph Kunz (Zürich) konnten zwei renommierte Professoren für Praktische Theologie gewonnen werden, die in ihren Beiträgen Root in den mitteleuropäischen Zusammenhang kontextualisierten. Rev. Gretchen Schoon Tanis, PhD hat über das Thema Jugendarbeit in den USA promoviert, lebte und arbeitete aber zehn Jahre in Deutschland. Sie hat in ihrem Beitrag aus ihrem Erfahrungshorizont eine Brücke zwischen dem amerikanischen und deutschen Kontext hergestellt. Auch diese drei Abhandlungen werden in diesem Band veröffentlicht.

Schließlich wurde eine Verbindung zwischen Theorie und Praxis der christlichen Jugendarbeit hergestellt, indem an beiden Veranstaltungstagen eine Podiumsdiskussion mit Teilnehmenden stattfand, die in Theorie und/oder Praxis des Arbeitsfeldes der christlichen Jugendarbeit profiliert sind. Am ersten Tag bündelten Hansjörg Kopp

---

11 Vgl. https://www.andrewroot.org/books/ [2025-01-17].
12 Vgl. https://www.andrewroot.org/category/articles/ [2025-01-17].
13 Vgl. De Kock / Norheim, The Five Questions, 87ff.
14 Root, Christopraxis. A Practical Theology of the Cross, Minneapolis 2014, 8.
15 Ebd., 12.
16 Vgl. Root, Andrew: Dietrich Bonhoeffer und die Jugendarbeit. Jesus nachfolgen und gemeinsam leben, in: Hildebrandt, Judith / Jägers, Andreas (Hg.), Gießen 2025.

(Generalsekretär CVJM), Dr. Felicitas Held (Wissenschaftliche Mitarbeiterin und Habilitandin an der Universität Bamberg), Prof. Dr. Wolfgang Ilg (EH Ludwigsburg) und Philipp Kruse (visiomedia Startup e.V. und Vorsitzender des CHRISTIVAL) die Inhalte der Vorträge. Am Folgetag diskutierten Klaus Göttler (Generalsekretär Deutscher EC-Verband), Judith Hildebrandt (Dozentin FTH Gießen), Björn Knublauch (netzwerk-m und Vorsitzender der AGJE) und Gernot Elsner (GOSPELTRIBE) die Erträge der Konferenz.

Die Tagung fand eine erfreuliche Resonanz und verzeichnete insgesamt mehr als 150 Partizipierende, die zu ungefähr gleichen Teilen aus Studierenden, Hauptamtlichen in der christlichen Jugendarbeit und Teilnehmenden aus dem akademischen Kontext bestanden.

Redaktionelle Hinweise

Die Aufsätze in diesem Band gründen auf den bei der Konferenz gehaltenen Vorträgen. Alle Beitragenden hatten im Anschluss an die Konferenz die Möglichkeit, ihre Abhandlungen zu überarbeiten und anzupassen. Der mündliche Duktus der Beiträge wurde dabei im Ermessen der jeweiligen Verfassenden unterschiedlich stark beibehalten.

Die englischsprachigen Beiträge von Andrew Root wurden aufgenommen, transkribiert und von ihm bearbeitet. Diese und die Abhandlung von Gretchen Schoon Tanis wurden anschließend ins Deutsche übersetzt.

Die Art und Weise, wie mit gendergerechter Sprache umgegangen wird, wurde den Beitragenden überlassen, sodass sich dies in diesem Band nicht einheitlich darstellt.

Literatur
De Kock, Jos / Norheim, Bård, The Five Questions. An Academic Handbook in Youth Ministry Research, Eugene 2022.
Grethlein, Christian / Meyer-Blanck, Michael, Geschichte der Praktischen Theologie im Überblick – eine Einführung, in: Dies. (Hg.): Geschichte der Praktischen Theologie. Dargestellt anhand ihrer Klassiker, Arbeiten zur praktischen Theologie 12, Leipzig 1999.
Grözinger, Albrecht, Praktische Theologie und Ästhetik (1978) – ein persönlicher Rückblick, in: Verkündigung und Forschung 69/2 (2024), 83–101.
Ilg, Wolfgang, Jugendarbeit gestalten, Praktische Theologie konkret 4, Göttingen 2021.
Ilg, Wolfgang u. a. (Hg.), Jugend zählt 2. Einblicke und Perspektiven aus der Statistik 2022 zur Arbeit mit Kindern und Jugendlichen in den Evangelischen Landeskirchen Baden und Württemberg und ihrer Diakonie, Stuttgart 2024.
Kaiser, Yvonne u. a. (Hg.): Handbuch Jugend. Evangelische Perspektiven, Opladen / Berlin 2013.
Karcher, Florian / Zimmermann, Germo (Hg.), Handbuch missionarische Jugendarbeit, BMJ 1, Neukirchen-Vluyn 2016.
Kaupp, Angela / Höring, Patrik (Hg.), Handbuch Kirchliche Jugendarbeit. Für Studium und Praxis, Freiburg 2019.
Root, Andrew, Christopraxis. A Practical Theology of the Cross, Minneapolis 2014.
Root, Andrew: Dietrich Bonhoeffer und die Jugendarbeit. Jesus nachfolgen und gemeinsam leben, in: Hildebrandt, Judith / Jägers, Andreas (Hg.), Gießen 2025.

Schlag, Thomas / Schweitzer, Friedrich, Brauchen Jugendliche Theologie? Jugendtheologie als Herausforderung und didaktische Perspektive, Neukirchen-Vluyn 2011.

Treusch, Ulrike, Vom Handeln zum Begriff? – Ein Beitrag zur Geschichte missionarischer Jugendarbeit, in: Karcher, Florian / Zimmermann, Germo (Hg.), BMJ 1, Neukirchen-Vluyn 2016, 82–98.

Christliche Jugendarbeit als Jüngerschaft in säkularen Zeiten

Andrew Root

Bei Diskussionen über Säkularisierung, gerade in Bezug auf Jugendarbeit, führt der Weg immer an einigen großen Fragen vorbei. Die erste Frage, die uns beschäftigen soll, ist diese: *Warum fühlt es sich so an, als ob sich die Jugendarbeit gerade in einem Moment des Übergangs befindet?* Vor allem in Nordamerika – und es würde mich interessieren, wie wir das in den deutschen Kontext übertragen können – befindet sich christliche Jugendarbeit in einer Phase des Übergangs.[1] Als Einstieg in dieses Thema möchte ich zunächst zwei Geschichten erzählen.

Christliche Jugendarbeit als ein »Ding«

Es war vor ein paar Jahren, kurz vor der Covid-19-Pandemie. Ich war auf einer Konferenz wie dieser, als eine junge Studentin auf mich zukam und fragte, ob wir zusammen einen Kaffee trinken könnten. Sie war Studentin im Grundstudium und offensichtlich dachte sie darüber nach, einen Master zu machen, das hatte ich zumindest angenommen. Das Seminar, an dem ich arbeite, bietet einen hervorragenden Masterstudiengang an, der auf den hauptamtlichen Dienst vorbereiten soll. Das war also meine Chance: Als guter Angestellter, wie ich es bin, wollte ich dafür werben, unser Seminar zu besuchen. Ich wollte ihr klarmachen, dass unser Master auf jeden Fall die beste Option für sie ist. Als wir dann also bei Kaffee zusammensaßen, habe ich angefangen, ihr alles darüber zu erzählen, warum es eine gute Idee ist, einen Master zu machen, vor allem, wenn man in der christlichen Jugendarbeit tätig ist und warum unsere Hochschule, das *Luther-Seminary*, eine so gute Schule ist. Sie hielt höflich ihren Kaffee in der Hand und nickte, während ich weiter darüber sprach, worauf man bei der Bewerbung achten sollte, wie die Fakultät ist und warum sie an unsere Ausbildungsstätte kommen sollte. Sie wartete höflich, bis ich Luft holte und sagte dann: »Danke, aber das ist nicht der Grund, warum ich mit Ihnen sprechen wollte.« Dann begann sie zu erzählen: »Ich wollte mit Ihnen sprechen, weil ich gerade ein Praktikum in der christlichen Jugendarbeit hinter mir habe. Zehn Stunden die Woche habe

---

[1] Für einige Perspektiven auf diesen Übergangsmoment, vgl. Root, Andrew, The Ende of Youth Ministry? Why Parents Don't Really Care about Youth Groups and What Youth Workers Should Do about It, Grand Rapids 2020, 28–34. Ebenso: Root, Andrew, Faith Formation in a Secular Age. Responding to the Church's Obsession with Youthfulness, Grand Rapids 2017, 97–118.

ich in einer Kirche als Teil meines Bachelorprogramms gearbeitet. Und jetzt stehe ich plötzlich vor der Entscheidung, ob ich das überhaupt noch machen möchte. Soll ich wirklich Jugendpastorin werden? Ich habe dieses Jahr damit verbracht, alle möglichen Sachen für die Jugendlichen zu planen, Konfirmationsunterricht und ähnliche Dinge vorzubereiten, doch keine der Familien konnte oder wollte ihre Kinder zum Kommen bewegen. Keine Jugendlichen kamen!« Und sie sagte weiter: »Ich weiß gerade einfach nicht, ob ich wirklich mein ganzes Leben als Jugendpastorin verbringen will. Weißt du, ich nehme das ja auch keinem übel. Als ich auf der Highschool war, war das Turnen das Wichtigste in meinem Leben. Auch ich war in dieser Zeit mehrere Monate im Jahr kaum in meiner Gemeinde. Also, ich verstehe das sogar. Und trotzdem frage ich mich, ob ich der Jugendarbeit dann wirklich mein Leben widmen sollte. Ich frage mich so langsam, ob ich nicht einfach Trainerin werden sollte.«

Dann sagte sie die wirklich interessanten Worte: »Ich glaube, christliche Jugendarbeit ist einfach kein *Ding* mehr für die Familien von heute. Es ist nicht ihr *Ding*, also sind sie nicht wirklich interessiert.« Ich war so fasziniert von dieser Formulierung, dass ich eine empirische Untersuchung an einigen amerikanischen Familien begann. Ich wollte wissen, warum sie sich entschieden zur Kirche zu gehen bzw. warum nicht und wie sie in ihrer Familie über Jugendarbeit dachten.[2] Hierbei kam immer das gleiche Wort auf: ihr *Ding*.[3] Die meisten erzählten vom Sport ihrer Kinder, den Instrumenten, die sie spielen oder vom Lernen, damit sie auf die Universität gehen könnten. Und immer wieder kam, wie wichtig dieses *Ding* sei. »Wir wollen unseren Kindern helfen, ihr *Ding* zu finden. Die Kinder müssen herausfinden, was ihr *Ding* ist.« Diese Formulierung kam immer und immer wieder.

Während ich mitten in dieser Forschung war, redete ich mit einem Freund darüber und berichtete davon, dass ich alle möglichen Menschen befragt hatte. Sehr konservative Christen bis hin zu Liberalen und das ganze Spektrum dazwischen. Trotzdem sagten sie alle das gleiche: »Es ist sehr wichtig für uns, dass unser Kind herausfindet, was sein *Ding* ist.« Aber mein Freund antwortete: »Du solltest mit ein paar Eltern reden, die überhaupt nicht in eine Gemeinde gehen.« Also vermittelte er mich zu einer Familie, die ich dann für ein Interview besuchte. Mein Freund erklärte, dass diese Leute leidenschaftlich Basketball spielen, und riet mir, sie zu befragen.[4] Also verabredete ich mich mit dieser Familie und klopfte schon kurze Zeit später an ihre Haustür. Die zwölfjährige Tochter öffnete und bat mich herein. Das Haus war warm und gemütlich, aber auch eindeutig ein Familienhaus. Ein paar Stapel frischer Wäsche lagen herum, Briefumschläge waren auf dem Küchentisch verteilt. Man konnte gleich erkennen, dass diese Menschen viel beschäftigt waren. Sie baten mich herein und wir setzten uns zusammen. Sie erzählten, dass sie drei Töchter im Alter von 12 bis 17 Jahren haben und dass ihr großes Hobby als Familie Basketballspielen sei. Basketball sei alles im Leben ihrer Familie. Im Winter seien sie mindesten zwei oder drei Abende

---

2 Für weitere Ausführungen zu dieser Forschung, vgl. Root, The End of Youth Ministry?, 35–50.
3 Vgl. Root, The End of Youth Ministry?, 48–49.
4 Mehr zu dieser Familie in: Root, The End of Youth Ministry?, 44–48.

pro Woche in der Halle beim Training oder sie besuchten ein Spiel. An Wochenenden waren Turniere und die ganze Familie sei unterwegs, um Basketball zu spielen. Der Vater lachte: »Unser Leben besteht aus Basketball und Wäsche und dann wieder aus Basketball und Wäsche usw.« Ich war wirklich beeindruckt von dieser Familie und ihrem Engagement. Der Vater der Familie trainierte die Teams von zwei seiner Töchter, die Mutter das Team der Jüngsten. Ich war unglaublich beeindruckt, auch weil ich mich heimlich fragte: »Wann schaut ihr denn Fernsehen oder Ähnliches, bei diesem Zeitplan?«

Ich dachte: »Wie macht ihr das?« Die Mutter sah meinen Gesichtsausdruck, der eigentlich aussagte, dass ich sie wirklich bewunderte und überzeugt war, dass sie das sehr gut meisterten. Aber sie sagte: »Also, vielleicht wirken wir ein bisschen zu verrückt nach Basketball, aber eigentlich ist es nicht so schlimm. Also, ich meine, wir lieben es zweifellos, aber unsere Töchter zum Beispiel, haben auf jeden Fall eine Wahl. Letzte Saison kam unsere Mittlere zu uns und sagte, sie wolle aufhören Lacrosse zu spielen. Das war ihr zweiter Sport.« Sie erzählte, dass sie ihrer Tochter antwortete: »Das ist okay, du musst nicht Lacrosse spielen. Aber was willst du stattdessen tun?« Darauf habe die Tochter gesagt, dass sie gar nichts anderes machen wolle. Jetzt schaute die Mutter mich direkt an und berichtete weiter: »Dann habe ich sie angeschaut und gesagt: ›Nein. Nicht in dieser Familie. Du musst etwas tun. Irgendetwas. Es ist mir egal, ob ein Instrument, einen Sport oder Kunst – aber du machst bitte irgendetwas.‹« Und dann sagte die Mutter genau dieselben Worte, die ich von der Bachelorstudentin gelernt hatte. »Es ist sehr, sehr wichtig für uns, dass unsere Töchter ihr *Ding* finden. Wenn sie nicht herausfinden, was ihr *Ding* ist, dann müssen wir uns wirklich Sorgen machen. Sie müssen ihr *Ding* finden.«

Je länger ich diese Interviews führte, desto mehr fragte ich mich, was die Menschen eigentlich meinten, wenn sie von ihrem *Ding* sprachen. Es schien mir so, dass alle Eltern in diesen Befragungen, aber v. a. die der Mittelschicht, sehr engagiert dabei waren, ihren Kindern zu helfen, ihr *Ding* zu finden. Das *Ding* ist dabei i.d.R. eine Aktivität, die eine Investition von Geld und Zeit mit sich bringt und die zu etwas wirklich Wichtigem im Leben der Jugendlichen wird. Es geht nicht nur darum, die Jugendlichen zu beschäftigen, sondern es ist mehr als das. Je weiter ich mich mit meiner Forschung beschäftigte, desto klarer wurde für mich, dass dieses *Ding* – sei es ein Sport, ein Instrument, ein Verein oder was auch immer – etwas ist, woran in diesen Familien Identität festgemacht wird und das einen Rahmen für ein *gutes Leben* schafft.[5] Es wird also zu etwas sehr, sehr Wichtigem.

---

5   Vgl. Root, The End of Youth Ministry?, 48–49.

Identität finden und authentisch sein für ein »gutes Leben« in der Zukunft

Wie beantwortest du die Frage »Wer bin ich?«. Und was heißt es für dich, ein gutes Leben zu führen? Lasst uns diese zwei Fragen einzeln betrachten, dann werden wir auch sehen, was das für die christliche Jugendarbeit bedeutet. Wie gesagt, wenn wir über Identität sprechen, dann können wir diese definieren als die für jedes menschliche Wesen notwendige Beantwortung der Frage: »Wer bin ich?« In der längsten Zeit der Menschheitsgeschichte war dies nicht die Aufgabe eines einzelnen Individuums. Deine Lebensgemeinschaft half dir dabei zu definieren, wer du bist. Es war sogar etwas, über das man gar nicht richtig nachdachte. Aber mindestens seit der Spätmoderne wurde das Beantworten der Identitätsfrage eine elementare Aufgabe aller modernen Menschen, in besonderem Maße aber für Jugendliche. Heute ist es selbstverständlich für uns, dass die Zeit der Adoleszenz bzw. das Teenageralter, die Zeit ist, in der du diese Frage beantwortest: Wer bin ich?

Meist nehmen wir an, dass der Prozess der Antwortfindung auf diese Frage v. a. *innerhalb* einer Person abläuft. Zumindest in Amerika wird weitestgehend angenommen, dass ein Dreizehnjähriger einfach in sein Zimmer geht, ein paar Youtube-Videos anschaut und dann irgendwann wieder herauskommt und sagt »Das bin ich. Dies ist, was ich bin.« Und i.d.R. haben die Eltern diese Artikulation einfach zu akzeptieren. In den Vereinigten Staaten gibt es gegenwärtig ein starkes kulturelles Milieu, das es zu einer moralischen Gewalttat erklärt, wenn du die selbsterklärte Identität deines Kindes in Frage stellst oder sie gar ablehnst. Du musst akzeptieren, was dein Kind zu sein beschließt.

Im zweiten Beitrag wird mehr dazu folgen, was der kanadische Philosoph Charles Taylor den Aufstieg des *Zeitalters der Authentizität* nennt.[6] Ich kann mir gut vorstellen, dass eine ähnliche Situation auch in Deutschland herrscht. Taylor sagt, dass wir einen grundlegenden Wechsel vollzogen haben, den man zeitlich nach den 1960ern einordnen kann. Seitdem sei es uns unglaublich wichtig geworden, *authentisch* zu leben. *Authentizität* sei zu einem hohen Wert unserer Gesellschaft geworden, von dem Taylor annimmt, dass er eine spezielle Ethik enthalte. Es geht also nicht einfach um Hedonismus, in dem alle tun können, was sie wollen. Diese Entwicklungen stehen auf einer ethischen Grundlage. Die Ethik der Authentizität besagt, dass kein Mensch jemals einem anderen Menschen vorschreiben sollte, was es für diese Person heißt, Mensch zu sein. Mit anderen Worten: Jeder Mensch hat das Recht, für sich selbst zu definieren, was es bedeutet, ein Mensch zu sein. Du verletzt diese moralische Ethik der Authentizität, wenn du versuchst, einem anderen Menschen vorzuschreiben, was es für ihn bedeutet, Mensch zu sein.

Nun, ob wir mit dieser Ethik der Authentizität völlig übereinstimmen oder nicht, es ist die Luft, die wir atmen. In meiner Forschung habe ich festgestellt, dass nordamerikanische Eltern, v. a. die der Mittelschicht, dies spüren. Sie *fühlen* diesen An-

---

6   Vgl. »A History of the Age of Authenticity« in: Root, Faith Formation in a Secular Age, 3–95.

spruch der Authentizität. Sie spüren, dass sie in dieser Ethik der Authentizität als gute Eltern annehmen und unterstützen müssen, was auch immer ihr Kind als seine Identität festlegt. Es handelt sich um eine Art internale Bewegung.

Es ist essenziell hier festzustellen, dass das nicht immer so war. In der Blütezeit der amerikanischen christlichen Jugendarbeit in den 1970ern, 1980ern, 1990ern – das ist noch gar nicht so lange her – gab es noch große christliche Jugendgruppen und riesige Events. Damals war es selbstverständlich, dass es nur eine gewisse Anzahl an Identitäten gab, unter denen man sich eine aussuchen konnte.

Das ist nun ein sehr amerikanischer Beleg, aber vielleicht kennt ja auch jemand von euch den Regisseur John Hughes. Er hat viele dieser High-School-Filme aus den 80ern produziert, die vielleicht auch hier gesehen wurden. Einer der absoluten Klassiker unter diesen Filmen heißt *The Breakfast Club*[7]. Es geht um das Gedankenexperiment, was passieren würde, wenn man jede Identität, die es gibt, für einen Nachmittag zusammensteckt. Im Film müssen die Kids an einem Samstag zum Nachsitzen in die Schule kommen und dort gewissermaßen eine eintägige Freiheitsstrafe absitzen. Jeder Teenager in diesem Film verkörpert eine Identität, die du sein kannst. Da ist der Footballspieler, die sehr gutaussehende Schülerin, der Künstler usw. Amerikaner lieben diesen Film, weil er jede mögliche Identität darstellt, die du in den 1980ern und frühen 1990ern sein konntest, und zeigt, was mit ihnen passiert.[8]

Inzwischen haben wir in großen Teilen der westlichen Kultur keine sechs, acht oder zehn verschiedenen Identitäten mehr. Wir gehen davon aus, dass jedes Individuum unendliche Möglichkeiten hat, seine Identität *für sich selbst* zu definieren. Man könnte eine lange Diskussion darüber führen, ob dies gut ist oder nicht, oder wie die Kirche sich zu einer Ethik der Authentizität zu verhalten habe. Ich möchte jedoch einen ganz anderen Punkt aus den Ergebnissen meiner Untersuchungen aufgreifen: Diese Entwicklung erzeugt große Ängste für viele Eltern. Wenn du deine eigenen Werte nicht an dein Kind weitergeben kannst, weil du damit die Ethik der Authentizität verletzen würdest, dann ist die Konsequenz, dass du deine Kinder in so viele Aktivitäten wie möglich involvierst, damit sie dadurch herausfinden, wer sie wirklich sind. Es ist dir nicht möglich, deinem Kind zu sagen, wer es ist oder sein soll, aber du kannst dafür sorgen, dass es regelmäßig zum Fußball geht. Wenn es im Fußball stark eingebunden ist, wird das vielleicht seine Identität prägen und ihm helfen zu erkennen, wer es ist. Eltern sind also plötzlich sehr damit beschäftigt, ihre Kinder zu allen möglichen Aktivitäten zu bringen. Dies geschieht stets in der Hoffnung, dass dies einen Einfluss darauf hat, wie sie die Frage »Wer bin ich?« beantworten. Mehr und mehr Eltern fühlen sich entmachtet, ihren Kindern selbst zu erklären, was Identität bedeutet. Wir sehen, wie wichtig das wird.

Ein weiteres Beispiel hierfür ist Folgendes: In den USA haben wir einen Laden namens *Play it again sports*. Ich weiß nicht, ob es etwas Ähnliches auch in Deutschland gibt. Es ist ein Laden, in dem man Sportsachen kaufen kann. Das Konzept besteht aber

---

7 Die Synchronisierung des Films kam unter dem Titel »Der Frühstücksclub« in die deutschen Kinos [AJ].
8 Vgl. Root, The End of Youth Ministry?, 26–28.

darin, dass sie dir gebrauchte Sportgeräte für wenig Geld abkaufen, um sie dann für viel Geld weiterzuverkaufen. Es handelt sich also eigentlich nur um eine marktwirtschaftliche Masche. Trotzdem nutzen viele Eltern der amerikanischen Mittelschicht das Angebot, weil *Play it again sports* mehr ist als nur ein gewinnorientiertes Geschäft. Eigentlich ist es genau dies, aber sie versuchen sich natürlich etwas besser darzustellen: Sie tun dir einen Gefallen. Du kannst dein Auto vollladen mit all den unbenutzten Artefakten und den nicht geglückten *Dingen* deiner Kinder und sie für 10 % des Anschaffungspreises verkaufen. Das zeigt vor allem eins: Es gibt viele dieser *Dinge*, in die Eltern ihre Kinder involvieren wollen, die nicht funktionieren. Sie waren nicht stark genug, um das Leben des Kindes zu prägen. Dennoch entwickeln diese Eltern eine Art Leidenschaft, so viele Aktivitäten wie möglich zu finden, bis eine oder zwei hängen bleiben und ihr Kind endlich herausgefunden hat, was sein *Ding* ist.

Dies lässt sich auch mit sozialwissenschaftlichen Studien belegen. Das Buch *Unequal Childhoods*[9] von Annette Lareau, einer amerikanischen Soziologin, ist sehr zu empfehlen. Sie betrachtet die Unterschiede zwischen Eltern der Arbeiterschicht und der Mittelschicht in Bezug auf deren Erziehungsstile. Den Erziehungsstil der Mittelschicht beschreibt sie dabei als *concerted cultivation* (konzertierte Kultivierung). Die Eltern strengen sich an, etwas in ihrem Kind zu kultivieren. Das *Ding* wird zu etwas, worum du dich bemühst, es als Teil der Identität deines Kindes zu kultivieren. Man sieht, welche Bedeutung dieses *Ding* also gewinnt, wenn wir es in Zusammenhang mit Identität bringen. Mehr noch: es hängt auch zusammen mit der Idee des guten Lebens.

Dazu müssen wir zunächst verstehen, wie seltsam wir als menschliche Wesen sind. Wir sind diese merkwürdige Art von Geschöpfen, denen es tatsächlich darum geht, ein *gutes Leben* zu führen. Kein Tier sitzt da und denkt darüber nach, was es bedeutet, ein gutes Leben zu führen. Ich will das nicht zu sehr vereinfachen. Vielleicht schwimmen Delphine tatsächlich umher und philosophieren über die Bedeutung des guten Lebens, aber zumindest haben wir noch keinen Delphin an einer Universität oder Ähnlichem entdeckt. Also gehen wir einmal grundsätzlich davon aus, dass kein Tier sich Gedanken über ein gutes Leben macht. Wir würden ihnen das auch nie abverlangen. Wenn dein Hund stirbt, sitzt du nicht da und denkst über Max den Dackel nach: »Oh Max, armer Junge. Er hat sein ganzes Leben verschwendet. Immer hat er Eichhörnchen gejagt und nie auch nur ein einziges gefangen! Dieser arme Kerl. Im Jagen war er wirklich ein totaler Versager.« Das tun wir nicht. Niemand geht ernsthaft davon aus, dass ein Hund es verpassen könnte, ein gutes Leben zu führen.

Aber wir Menschen glauben sehr wohl, dass es möglich ist, das gute Leben zu verpassen. Sogar so sehr, dass wir die Tendenz haben, in der Mitte unseres Lebens in eine *Krise* zu geraten. Wir fragen uns dann, ob wir bis dahin ein gutes Leben geführt haben oder ob wir nicht doch einen Sportwagen brauchen oder die Karriere wechseln sollten, um das gute Leben noch zu entdecken. Man nennt dies Midlife-Crisis. Wir sind also die Art von Geschöpfen, die leidenschaftlich nach dem guten Leben strebt. Natürlich wollen wir auch, dass unsere Kinder ein gutes Leben führen. Die Idee vom

---

9   Lareau, Annette, Unequal Childhoods. Class, Race, and Family Life, Berkeley [2]2011.

guten Leben ist sehr wichtig! Ob explizit oder implizit, wir alle wollen ein gutes Leben führen.

Man erkennt das sogar an unserer Sprache. Wir tendieren dazu, die ganze Zeit in dieser Art moralischem Rahmen zu sprechen. In meiner Nachbarschaft gibt es beispielsweise einen kleinen Lebensmittelladen namens *Tim and Tom's Speedy Market*. Wenn du in meiner Nachbarschaft lebst, bist du mehrmals pro Woche dort, um noch schnell etwas zu besorgen. In meiner Familie bin ich die Person, die die Milch für die Woche holt. Da ich Teenager im Haus habe, kaufe ich eine ganze Menge Milch dort, wobei ich jedes Mal in einem moralischen Dilemma stecke. Vielleicht ist das nur ein amerikanisches Phänomen und es ist in Deutschland anders, aber jedes Mal, wenn ich an der Kasse stehe, wird mir diese tief moralische Frage gestellt: »Papier- oder Plastiktüte?« Dann passiert mir Folgendes. Es ist mir schon ein Dutzend Mal passiert und es ist eigentlich peinlich. Ich sage dann zu diesem Studenten, der mich abkassiert: »Plastik«, aber ich weiß, dass Plastik nicht gut ist. Also ertappe ich mich dabei, dass ich sage: »Ich nehme Plastik, weil ich die Tüten wiederverwende, um den Kot unseres Hundes wegzumachen.« Es ist peinlich. Als ob es diesen Kassierer interessiert, dass ich einen Hund habe, der viel Kot produziert. Ich weiß, dass es nicht gut ist, wenn Menschen Plastikbeutel nehmen und sie dann nur einmal verwenden. Weil ich weiß, dass dies nicht gut ist, will ich kommunizieren, dass ich weiß, was es bedeutet, ein gutes Leben zu führen – und dass man Plastiktüten nicht nur einmal verwendet. Ich benutzte sie wieder, auch für Anderes. Was dann natürlich passieren kann ist, dass dieser junge Student an der Kasse nicht auf meine Bemerkung eingeht. Dann gehe ich in moralische Kampfstellung und beginne zu überlegen: »Warte mal, ist das etwa einer dieser selbstsüchtigen jungen Menschen, die es nicht kümmert, dass wir in einer Klimakrise stecken? Weiß er etwa nicht, dass es nicht gut ist, Plastik zu benutzen?« Wir formulieren unsere Antworten immer so, dass sie in den moralischen Rahmen passen.

Wenn ich dann vom Laden nach Hause gehe, wird mir unterwegs eine noch viel tiefere moralische Frage gestellt. Während ich mit meinen Plastiktaschen voller Milch gehe, kommt mein Nachbar mir entgegen und fragt mich: »Hey, wie geht es deinen Kindern?«. Das ist eine tief moralische Frage. Man könnte sagen, es ist einfach ein nettes Nachfragen, aber da ist ein tief moralischer Unterton in dieser Frage: »Sind deine Kinder auf das Gute ausgerichtet?« Was antwortet man? Ich sage: »Ja, den Kindern geht es super«, um dann all die Dinge aufzuzählen, in die sie involviert sind. »Oh ja, Owen geht es sehr gut, er macht große Fortschritte beim Klavierspielen. Oh, und Maisie läuft bei Leichtathletikwettkämpfen und ihre Zeit wird immer besser.« Und so erzähle ich von all den Dingen, die meine Kinder so tun.

Ich hätte auch einen sehr anderen moralischen Rahmen haben können. Mein Nachbar hätte fragen können: »Und, geht es den Kindern gut?«, worauf ich hätte antworten können: »Ja, meinen Kindern geht es wohl recht gut. Sie sind gerade mitten in einer Zeit der Umkehr von ihren Sünden. Maisie tut Buße und trägt jetzt ein Büßerhemd im Sportunterricht.[10] Owen hatte eine Vision als er im Wald spazieren war und

---

10 Vgl. Root, The End of Youth Ministry? 23–25.

versucht jetzt herauszufinden, welche Bedeutung sie hat.« Ich könnte das sagen. Aber wenn ich das sagen würde... Wir haben in den USA ein Jugendamt, das kommt und deine Kinder abholt, wenn sie gefährdet sind. Ich habe da so ein Gefühl, dass mein Nachbar das Jugendamt anrufen würde, wenn ich so antworten würde.

Ich denke, dass hier verschiedene moralische Rahmen deutlich wurden. Meine Frau ist Pastorin und ich bin Theologe. Und wie antworte ich, wenn jemand fragt, ob es den Kindern gut geht? Ich zähle all die Dinge auf, die sie tun und welche Fortschritte sie dabei machen. Ich will, dass man weiß, dass meine Kinder auf das gute Leben vorbereitet werden und, dass wir gute Eltern sind, die sie auf das Gute ausrichten.

Christliche Jugendarbeit als Antwort auf die Frage nach dem »guten Leben«

Ich glaube in mancherlei Hinsicht könnte man sagen, dass christliche Jugendarbeit daraus geformt wurde, wie wir diese Frage beantworten: »Geht es den Kindern gut?« Angenommen wir sind im London des 18. Jhd. und fragen: »Geht es den Kindern gut?« Die Antwort, die wir bekommen würden, ist diese: »Wir wissen es nicht. Wir machen uns Sorgen, ob es den Kindern gut geht. Die Industrialisierung nimmt Fahrt auf und wir haben eine Menge junger Leute, die nicht lesen und schreiben können.« Und was ist die Antwort? Robert Raikes gründet die Sonntagsschul-Bewegung als eine Reaktion auf die Sorge, dass es den Kindern nicht gut geht.[11]

Stell dir vor, wir sind im Amerika des 19. Jhd. und fragen: »Geht es den Kindern gut?« Wir würden etwas zu hören bekommen wie: »Also, wir sind uns nicht sicher. Wir haben das Gefühl, sie sind nicht mehr so engagiert und entschieden.« Die Reaktion, die wir hier bekommen, ist die Gründung einer Jugendorganisation mit dem merkwürdigen Namen *Christian Endeavour*[12] (deutsch: Christliche Bemühung). Es handelt sich um eine Bewegung von Jugendlichen, die darüber reden, wie sie Gott immer näherkommen können, die sich gegenseitig begleiten und voreinander Rechenschaft ablegen. Aber wir haben noch mehr in dieser Zeit. Man macht sich Sorgen, weil viele Familien von landwirtschaftlichen Verhältnissen in die urbanen Zentren ziehen. Als Antwort darauf wird der YMCA (CVJM) gegründet, der versucht, auf die potenziellen Herausforderungen im städtischen Kontext zu reagieren.

Wenn wir die Frage »Geht es den Kindern gut?« nun im Amerika der 1960er und 1970er stellen, bekommen wir Antworten wie: »Wir wissen es nicht. Da ist seit dem zweiten Weltkrieg in Amerika diese Bewegung in die neuen Vorstädte gekommen. Viele junge Menschen haben viel Zeit und Freiheit zu tun, was immer sie wollen. Es scheint, als würden sie zu schnell erwachsen werden. Sie fahren schnelle Autos, trin-

---

11 Vgl. Root, The End of Youth Ministry?, 26. Ebenso: Root, Andrew, Revisiting Relational Youth Ministry, From a Strategy of Influence to a Theology of Incarnation, Downers Grove 2007, 30.
12 Der deutsche Ableger der Organisation ist der Deutsche EC-Verband (Entschieden für Christus) [AJ].

ken viel Alkohol und haben zu früh Sex. Wir sind besorgt, dass sie zu schnell erwachsen werden.« Die gesamte Reaktion von amerikanischer christlicher Jugendarbeit, in deren Schatten wir bis heute sind, war es, Jugendkreise zu gründen, um die Kinder zu entschleunigen. Inmitten der schnellen Zeiten, in denen Kinder sehr schnell groß werden wollten, wurde die Jugendgruppe zu einem Ort, wo man einfach abhängen konnte, einfach vorbeikommen konnte. »Mach dir keine Gedanken ums Erwachsenwerden, komm einfach. Dort sind andere High-School-Schüler, nur ein paar Jahre älter als du, die die Gruppe organisieren.« Das ist amerikanische Jugendarbeit der 1980er. Und man tut dort richtig anspruchsvolle Dinge: »Wir treffen uns und schauen, wer die meisten Marshmallows in seinen Mund stopfen kann. Es gibt Wettessen. Wir haben einfach nur Spaß.« Das war im Prinzip das ganze Konzept der christlichen Jugendarbeit.

Daran sieht man, warum wir einen *theological turn*[13] (theologische Wende) brauchten. Dies passte in die gesellschaftliche Realität dieser Zeit und antwortete auf die Sorge, dass Kinder zu schnell erwachsen werden würden. In der christlichen Jugendarbeit ging es also darum, junge Menschen zu entschleunigen.[14] Jugendliche trafen sich in Gruppen. Dies war alltägliche Realität in Amerika, dass man in jeder Stadt Teenagern begegnete, die einfach auf Parkplätzen rumhingen, Bier tranken und sich wie Idioten aufführten. Doch inzwischen sieht man diese Gruppen nirgends mehr. Ein Grund dafür ist, dass sie heute zu beschäftigt sind. Sie haben zu viel zu tun. Es passiert zu viel, als dass sie Zeit zum Abhängen hätten. Doch genau darauf war die christliche Jugendarbeit aufgebaut, junge Menschen zu entschleunigen.

Ich weiß nicht, ob ihr viel Netflix schaut und ob ihr die Serie *Stranger Things* gesehen habt. Diese Serie muss für Amerikaner meines Alters gemacht sein, denn sie ist Nostalgie pur. Sie spielt 1982 und fühlt sich auch genauso an. Sie ist gedreht wie ein Spielberg-Film der 1980er Jahre. Du kannst die Zeit einfach fühlen. Also falls ihr die Serie nicht kennt, sie spielt in einer Vorstadt von Indiana. Ein böser Konzern hat ein Loch zwischen den Dimensionen geöffnet und einige Monster sind herausgekommen. Einige Mittelstufenkinder, Dreizehn- und Vierzehnjährige, müssen diese Monster besiegen. Sie wollen ihren Freund retten, der in das Loch gefallen ist, und kämpfen gegen die Monster. Diese Serie würde nicht funktionieren, wenn sie 2015 spielen würde. Es muss 1982 sein. Es könnte nicht 2015 passieren, da Mike, eines der Kids, dann keine Zeit gehabt hätte, einen bösen Demogorgon auf einer Müllhalde zu bekämpfen, weil er sich auf einen Test vorbereiten müsste. Er müsste zum Geigenunterricht und zum Fußballtraining. Er hätte keine Zeit für anderes. Außerdem würde seine Mutter seinen Standort verfolgen und ihn sofort anrufen: »Warum bist du auf einer Müllhalde? Komm gefälligst heim! Wir haben keine Zeit, zum Krankenhaus zu fahren, wenn dir etwas zustößt.« Es muss in früherer Zeit stattfinden. Eines der faszinierendsten Dinge an der Serie ist, dass die Kinder darin immer in Frau Wheelers Keller abhängen, was zu heißen Diskussionen auf Social Media führte. Sie ist Mikes Mutter, aber sie hat

---

13 Vgl. Root, Andrew / Dean, Kenda Creasy, The Theological Turn in Youth Ministry, Downers Grove 2011.
14 Vgl. Root, The End of Youth Ministry?, 29.

eigentlich keine Ahnung davon, was abgeht. Zum Beispiel lebt ein paranormales Kind in diesem Keller und Mrs. Wheeler hat keine Kenntnis darüber. All das war gutes Futter für Memes darüber, was die Wheelers für furchtbare Eltern seien. Sie hatten keine Ahnung davon, was ihre Kinder so taten. Doch sie waren keine furchtbaren Eltern. Genau genommen sind sie die perfekten Eltern der 1980er. Sie haben ihrem Sohn den Keller ausgebaut, geben ihm eine heiße Mahlzeit am Tag und haben sonst keine Ahnung von seinem Leben. Sie waren die perfekten 1980er-Eltern, weil es das Ideal war, seinen Kindern Freiheit zu lassen. Und diese Freiheit bedeutete, dass viele zu schnell erwachsen werden wollten.

Aber all das ist jetzt völlig anders. Zumindest für den amerikanischen Kontext – und mich würde interessieren, wie es in Deutschland aussieht – sind wir heute wo ganz anders als damals. Und das heißt nicht, dass Kinder nicht tatsächlich zu schnell erwachsen werden, sondern dass Eltern heute ihre Kinder bremsen. Dass die Gesellschaft immer schneller[15] wird, – was Gegenstand der vierten Einheit sein wird – führt dazu, dass Teenager immer langsamer groß werden. Sie werden immer langsamer erwachsen, weil sie immer beschäftigter sind. Erziehung heißt heute, alle Aktivitäten deines Kindes zu organisieren. Du hast Hausaufgaben, Vorbereitung auf Klassenarbeiten, Volleyball, Debattierklub, Klavier, Minijob, Fußball, Zimmer putzen, Führerschein machen, Netflix, zum Jugendkreis gehen, mit dem Hund Gassi gehen und musst die Socken sortieren. Was jetzt unweigerlich passieren muss, ist, dass eine junge Person das alles organisieren muss. Erziehung heißt dann, seinem Kind zu helfen, all diese Aktivitäten zu managen und alles zu erledigen. Das wird zum Hauptelement des Elternseins. Als die christliche Jugendarbeit in Amerika in ihrer Blütezeit war, gab es noch *freie Zeit*. Vielleicht musstest du ein paar Hausaufgaben machen, aber ansonsten hattest du frei. Du konntest einfach abhängen. Heute hingegen müssen Eltern in der Mittelschicht eine ganze Menge tun. Du brauchst deine Eltern, um dir zu helfen, all die Dinge zu organisieren, in die du involviert bist.

Kennst du die Serie *Gilmore Girls*? Ich hasse diese Serie mit Leidenschaft. Das liegt daran, dass meine 17-jährige Tochter die Serie rauf und runter schaut. Solltest du mich jemals besuchen, wirst du praktisch dauerhaft Gilmore Girls im Hintergrund laufen hören. Aber worauf ich hinauswill, ist, dass wir hier ein ganz anderes Bild von Elternschaft sehen als die Unkenntnis über das Leben ihres Kindes von Frau und Herrn Wheeler. Falls du die Serie nicht kennst: Es geht um Lorelei und ihre Tochter Rory und die beiden sind die allerbesten Freundinnen. Das ist der neue Anspruch: Elternschaft als Freundschaft. Jetzt, wo dein Leben so voller Aktivitäten und To-dos ist, müssen deine Eltern in dein Leben involviert sein. Deine Eltern helfen dir, dein Leben zu organisieren, aber natürlich nicht autoritativ, sondern als beste Freunde.

---

15 Vgl. Root, The End of Youth Ministry?, 10 und 29. Ebenso: Root, Andrew, The Congregation in a Secular Age. Keeping Sacred Time Against the Speed of Modern Life, Grand Rapids 2021, 20–25.

Jean Twenge hat das Buch *iGen*[16] geschrieben, das im Prinzip eine große Forschungsübersicht darstellt. Im Gegensatz zur weitverbreiteten Meinung, dass Kinder heute schneller aufwachsen als vorherige Generationen, sei die *iGen* (gemeint sind die jungen Erwachsenen von heute) tatsächlich viel langsamer erwachsen. Achtzehnjährige verhalten sich wie es früher 15-Jährige taten und 13-Jährige wie 10-Jährige. Teenager sind zwar äußerlich sicherer als je zuvor, aber dafür mental wesentlich verletzlicher. Was früher oder später bei der Organisation all dieser Aktivitäten passiert, ist, dass du sie in eine Rangfolge bringen musst.[17] Du bist ein endlicher Mensch und hast nur eine gewisse Anzahl an Stunden pro Tag. Selbst wenn Familien und Eltern diese Dinge nicht hierarchisch ordnen wollen, so muss es doch früher oder später passieren. Und ich glaube im heutigen Amerika ist der christliche Jugendkreis nur knapp über Gassi gehen oder Sockenschublade sortieren. Viel höher als das, kommt Jugendarbeit nicht. All diese anderen Dinge sind so viel wichtiger.

Die christliche Jugendarbeit als Verliererin im Wettstreit der »Dinge«

Ich habe mit vielen Leitenden in Gemeinden, Bischöfen, Pastorinnen und Jugendpastoren gesprochen und sie alle fragen sich, wie man christliche Jugendkreise, die sich irgendwo bei Nummer 12 einsortieren, auf eine Nr. 3, 4 oder 5 in der Rangfolge bringen kann. Sie stellen Hauptamtliche für die Jugendarbeit ein, die sich darum kümmern, dass die christliche Jugendarbeit irgendwie wettbewerbsfähig wird. Ich werde euch etwas verraten: Ich glaube, dass es unmöglich ist. Ich glaube es ist tatsächlich nicht machbar. Wenn du dich in Gemeinden umschaust, wirst du einige Hauptamtliche in der Jugendarbeit und Mitarbeitende, mit erschöpftem und enttäuschtem Blick sehen, weil sie sich abgerackert haben, um diese Sache irgendwie auf der Prioritätenliste nach oben zu bewegen. Ehrlich, ich glaube, es ist annähernd unmöglich, das zu erreichen. Und trotzdem wird ein großer Druck auf Leitende in der Jugendarbeit ausgeübt, die die christliche Jugendarbeit so ansprechend gestalten sollen, dass es zu einem *Ding*, unter all den *Dingen* werden kann und mit diesen *Dingen* irgendwie mithalten kann. Das hört sich alles sehr fatalistisch an. Warum denke ich, dass es nicht möglich ist, dass Jugendarbeit im Ranking steigen könnte?

Ich glaube, dass es zwei Gründe gibt. Der eine ist, was wir – angelehnt an den deutschen Soziologen Hartmut Rosa – AAA nennen: accessibility, availability, attainability (dt. Zugänglichkeit, Verfügbarkeit und Erreichbarkeit). Damit verbunden ist eine Art von Gespür für den angestrebten Wunschzustand. Mit Wunschzustand meine ich, dass unser Blick auf das gute Leben als spätmoderne Menschen weitestgehend auf die *Zukunft* ausgerichtet ist. Wir haben also keine Ahnung davon, was es eigentlich

---

16 Twenge, Jean M., iGen. Why Today's Super-Connected Kids Are Growing Up Less Rebellious, More Tolerant, Less Happy – and Completely Unprepared for Adulthood – and What That Means for the Rest of Us, New York 2017.
17 Vgl. Root, The End of Youth Ministry? 9–13.

bedeutet, *jetzt* ein gutes Leben zu führen. Wenn du Eltern fragen würdest, würden die meisten sagen, dass sie wollen, dass ihre Kinder ein gutes Leben führen, aber die wenigsten könnten dir erklären, was das denn heißt. »Das gute Leben«, werden sie sagen, »ist ... naja, wir wollen, dass es unserer Tochter möglich ist, ihren Traum für die Zukunft zu leben, welcher auch immer das ist.« Niemand spricht mit ihr darüber, wofür es sich zu träumen lohnt. Aber sie muss in all diese Aktivitäten involviert werden, denn diese werden zu Ressourcen, aus denen sie später schöpfen kann, wenn sie ihren Traum wahr werden lässt. Hartmut Rosa formuliert es so:

»Us late modern people, are the weird kind of people. We're like painters who keep setting up our easel and going buying new paints. We get new brushes. We hear that there's a new kind of paint out there, so we go by that. And then we set up our easels again, and we try to catch the light. And we get prepared over and over again to paint, but we never actually paint a picture. And we're not really sure what's worth painting.«[18]

In meiner Untersuchung an amerikanischen Eltern wurde klar, dass die meisten nicht wissen, was das gute Leben eigentlich ist. Wie hilft man seinem Kind, ein gutes Leben zu leben? Sie wollen, dass ihre Kinder an all diesen *Dingen* teilnehmen, damit diese später davon profitieren können, wenn sie herausgefunden haben, was für sie das gute Leben in ihrer Zukunft sein soll. Daher glaube ich, dass es sehr schwer sein wird, die Jugendkreise von einer Platzierung Nr. 12 auf eine Nr. 2, oder wenigstens Nr. 5 zu bekommen. Denn wenn wir beginnen, die Dinge auf unserer Liste zu ordnen, dann prüfen wir sie anhand von Zugänglichkeit, Verfügbarkeit und Erreichbarkeit.

Diese Prüfung passiert ganz intuitiv. Sagen wir, es gibt einen Konflikt zwischen Klavierunterricht und Jugendkreis. Mittelschichteltern prüfen, was das gute Leben, das was sie sich als lebenswert vorstellen, zugänglicher, erreichbarer und verfügbarer macht. Sie denken nicht einmal wirklich darüber nach, ob ihr Kind lieber zum Konfirmandenunterricht gehen oder sich auf den Test vorbereiten sollte. Eltern können einfach nicht sehen, wie Gemeinde mehr Zugänglichkeit, Verfügbarkeit und Erreichbarkeit haben sollte, als all diese anderen *Dinge*. Um also Gemeinde und christliche Jugendarbeit auf der Liste nach oben zu bringen, müsste man genauso viel Zugänglichkeit, Verfügbarkeit und Erreichbarkeit bezüglich des guten Lebens anbieten, wie z. B. Sport oder ein Instrument. Und das ist einfach schwer vorstellbar. Es sieht also ziemlich schlecht für uns aus.

Jetzt glaubst du sicher, dass ich eine deprimierende Person bin. Die gute Nachricht ist, dass ich glaube, wir müssen und sollten gar nicht versuchen, mitzuhalten. Denn wenn wir uns des eigentlichen Themas dieses Buches [der Bibel, AJ] bewusst werden, Jüngerschaft als ein Leben in der Nachfolge Jesu Christi, dann bin ich mir nicht mehr so sicher, ob es wirklich darauf ankommt, mehr Zugänglichkeit, Verfügbarkeit und Erreichbarkeit zu bieten. Ich bin mir auch nicht sicher, ob es wirklich die Einbindung in *Dinge* ist, die ein Menschenleben verändert.

---

18 Rosa, Hartmut, Resonance. A Sociology of Our Relationship to the World, Cambridge 2019, 2f und 23.

Stories als Kern des christlichen Glaubens

Ich glaube, wir brauchen ein Umdenken, weg von all dem. Um das zu erreichen, so glaube ich, sollten wir uns noch einmal dem Thema Identität widmen – und der Frage, wie sie sich formt. Ich habe schon am Anfang erklärt, dass wir häufig annehmen, dass Identität komplett im Inneren einer Person konstruiert wird, dass man sie zuerst fühlt und dann präsentiert. Aber ich nehme an, dass jeder Philosoph sagen würde, dass es so in Wirklichkeit nicht funktioniert. Vor allem Charles Taylor macht deutlich, dass Identität niemals eine rein innere Konstruktion ist. Du beantwortest die Frage »Wer bin ich?« nie, indem du einfach nur in dich selbst hineinhorchst. Identität formt sich immer auch im Dialog und Diskurs, in einer Art Gespräch. Und wenn du deine Identität gebildet hast, dann ist sie immer geprägt von den Geschichten [engl. Stories, AJ], die du hast. Es sind die tiefen Gefühle in deinen Geschichten, die dein Leben zum Guten formen.[19]

Vielleicht hast du schon einmal einen dieser traurigen Filme gesehen oder einen Roman gelesen, in dem jemand heimkommt, um einen Zettel auf dem Tisch zu finden, auf dem steht: »Ich liebe dich nicht mehr. Ich habe seit sechs Monaten eine Affäre und werde dich jetzt verlassen. Wir werden uns nie wieder sehen.« Was der Hauptperson dann passiert ist, dass sie durch eine Identitätskrise geht. Sie stellt Fragen wie: »Wer bin ich überhaupt? Ich weiß nicht mal mehr, wer ich jetzt bin. Ich bin mir nicht sicher, ob das Leben überhaupt noch gut werden kann. Was soll ich nur tun?« Sie hat moralisch nichts falsch gemacht, der verlassende Partner hat falsch gehandelt. Aber was diese Personen verloren haben, sind ihre Geschichten. Die Geschichten, auf die ihr Leben gebaut war, was sie über ihr Leben und über sich selbst dachten und wie sie ihre eigene Rolle in diesen Geschichten definiert hatten, sind zerbrochen. Sie wissen nicht mehr, wer sie sind. Das zeigt uns, dass wir unsere Identität immer in und durch ein tiefes Gefühl für unsere Geschichten haben.

Wenn wir denken, dass Problem sei nur, dass christliche Jugendarbeit kein *Ding* mehr ist, dann ist unser größtes Ziel, wieder die Zeit und das Interesse der Jugendlichen zu gewinnen. Aber die Wahrheit ist, dass das, was uns wirklich verändert, unsere Geschichten sind. Es geht nicht um Ressourcen, sondern um Geschichten. Wie bewegen wir also junge Menschen dazu, einen tiefen Sinn dafür zu entwickeln, dass sie Geschichten haben? Das Interessante ist, dass wir als Kirche ein großes Defizit an Ressourcen zu haben scheinen, eine große Lücke in jeder Hinsicht.[20]

Aber was die Kirche eigentlich hat, sind Geschichten. Wir haben eine unglaubliche Menge an Geschichten. In Amerika fühlen sich viele Pastoralpersonen, als würden sie unter der Tyrannei der NFL (National Football League) leben, weil die Spiele immer sonntags stattfinden. Dann sitzen viele Leute im Gottesdienst, die sich eigentlich gerade überlegen, wann das Spiel beginnt, wer wohl gewinnen wird und wie eigentlich das perfekte Footballteam aussehen würde. Solltet ihr jemals nach Wisconsin gehen, dann werdet ihr sehen, dass alle in der Gemeinde Shirts und Trikots der *Green Bay*

---

19 Vgl. Root, The End of Youth Ministry?, 159–164.
20 Vgl. Root, Andrew / Bertrand, Blair, When Church Stops Working. A Future for Your Congregation Beyond More Money, Programs, and Innovation, Grand Rapids 2023, 5–9.

Packers tragen. Und wenn der Kickoff näherkommt, beginnen alle nervös zu werden. Sie schauen während der Predigt ungefähr eintausend Mal auf ihre Uhren, während sie sich fragen, ob sie es pünktlich zum Spielbeginn heim schaffen werden. Verständlich, dass sich viele Pastoralpersonen von der NFL tyrannisiert fühlen. Vor ein paar Spielzeiten feierte die NFL ihren hundertsten Geburtstag und sie veranstalteten einige große Shows und zeigten die hundert besten Comebacks der NFL-Geschichte, die hundert besten Quarterbacks, die hundert krassesten Superbowls und so weiter. Auf der einen Seite ist die NFL ein Milliarden-Dollar-Geschäft, ein Multi-Milliarden-Dollar-Geschäft sogar. Sie zieht die Aufmerksamkeit von unglaublich vielen Menschen auf sich. Aber aus einer anderen Perspektive gesehen, der Perspektive von Narrationen und Geschichten: 100 Jahre? Das ist niedlich.

Was ist das im Vergleich zu dem, woran *wir unser Leben festmachen*? Wir haben *2000 Jahre* voller Geschichten. Wenn wir die jüdische Geschichte miteinbeziehen, sogar über *6000 Jahre* voller Erzählungen von Menschen aus der ganzen Welt. Menschen, die für diese Geschichte lebten und starben! Diese hat uns auf die tiefste Weise geprägt.

Was uns wirklich verändert sind die Geschichten, in denen wir leben, von denen wir Teil sind, nicht bloß die *Dinge*, die uns interessieren. Also wenn wir schon etwas zählen wollen, dann sollten wir Geschichten zählen, anstelle der Anzahl von Anwesenden oder die Anzahl der mitarbeitenden Jugendlichen. Wir sollten zählen, wie vielen Geschichten sie begegnen.[21] Der Kern dessen, wozu wir junge Menschen bewegen wollen, ist, diese Geschichten zu kennen und tief darin verwurzelt zu sein. Ein besserer Begriff für diese Geschichten ist das alte Wort *Zeugnis,* dessen Kraft wir uns neu bewusst werden müssen. Vielleicht sollte der Herzschlag der christlichen Jugendarbeit die Frage sein, wie wir jungen Menschen helfen können, die Geschichten derer zu hören, die für ihren Glauben lebten und starben. Diese gibt es in jeder Gemeinde. Das ist es, was die Menschen wirklich verändert und verwandelt: dieser tiefe Sinn für Erzählungen und Geschichten.

In amerikanischen Gemeinden sind Menschen schnell eingeschüchtert, wenn es darum geht ›Zeugnisse‹ zu teilen. Das liegt daran, dass wir häufig denken, dass Zeugnisse diese triumphalen Erzählungen in drei Akten sind: »Alles war okay, es ging mir gut, aber dann wurde mir Krebs diagnostiziert und alles brach in sich zusammen. Ich wusste nicht, wie ich die Kosten für eine Behandlung bezahlen sollte. Aber glücklicherweise war ich Chemielehrer an einer High-School und eines der Kids zeigte mir, wie man Crystal Meth herstellte. Also begann ich zu produzieren ...« Okay, du hast bemerkt, dass ich gerade *Breaking Bad* nacherzähle, oder? »Und ich verkaufte das Zeug auf den Straßen von Albuquerque und wurde zum größten Gangster in ganz New Mexico. Sie nannten mich Heisenberg... und dann hat mir jemand von Jesus erzählt und seitdem ist alles gut geworden.« Ungefähr so stellen wir uns Zeugnisse häufig vor. Deshalb fühlen sich viele Menschen unwohl damit. Und es stimmt, wenn wir solche Geschichten in unseren Reihen haben, dann müssen sie erzählt werden. Diese Erzählungen in drei Akten ergreifen uns tief und wir sollten sie als Gaben in unserer

---

21 Vgl. Root, The End of Youth Ministry? 164–166.

Gemeinde ansehen. Aber wir brauchen auch die Geschichten, in denen die Menschen mittendrin sind, in denen sie wirklich mit der dunklen Nacht ihrer Seele ringen. Jugendliche müssen gerade auch diese Geschichten hören.

Vielleicht ist es ein großer Teil von dem, was christliche Jugendarbeit ausmacht, dass junge Menschen auch mit solchen Geschichten konfrontiert werden und man sie um deren Bedeutung ringen lässt. Kannst du dir vorstellen, dass es in deiner Gemeinde oder christlichen Jugendarbeit jemanden gibt, der so eine Geschichte teilen könnte? Der sich mit den Jugendlichen hinsetzt und so etwas sagt wie:

»Ich habe gehört, dass ihr euch gerade mit dem Römerbrief beschäftigt. Dort gibt es eine Stelle, an der Paulus schreibt: »Denen, die Gott lieben werden alle Dinge zum Besten dienen«. Nun, das habe ich auch mal geglaubt. Aber jetzt... Ich bin schon seit vielen Jahren Teil der Gemeinde und einige von euch wissen es vielleicht, meine Tochter ist schon seit Jahren krank und man wusste einfach nicht, was ihr fehlt. Wir waren bei allen möglichen Ärzten und Experten, aber niemand konnte uns helfen. Erst kürzlich haben wir herausgefunden, dass sie wohl eine genetische Erkrankung hat und dass es dafür auch eine Behandlung gibt. Aber bis sie alt genug dafür ist, kann man nichts für sie tun, außer ihr Stereoidspritzen zu geben, um sie irgendwie durchzubringen. Sie muss jeden Tag im perfekten zeitlichen Abstand vier Spritzen bekommen. Also klingelt mein Wecker jede Nacht um 4.30 Uhr. Ich stehe auf und gehe in ihr Zimmer. Sie liegt in ihrem Bett, zwischen all ihren Kuscheltieren fast verschwunden. Ich muss sie vorsichtig wachrütteln, wach genug, dass ich eine Vene finden kann. Und dann muss ich ihr jede Nacht diese Spritze geben. Sie weint dann und schaut mich wie einen Verräter an. Dann verbringe ich die nächsten 20 Minuten damit, sie zu streicheln, bis sie wieder eingeschlafen ist. Ich sag euch etwas: Ich schlafe anschließend nicht mehr, nicht nach 4:30 Uhr, weil ich dann zurück in mein Bett gehe, an die Decke schaue und mich frage: ›Okay Gott, was bitte, was soll daran gut sein? Sie ist doch nur ein kleines Mädchen.‹ ... Das bin ich. Da stehe ich gerade.«

Geschichten wie diese sind in deiner Gemeinde. Und diese Geschichten müssen erzählt werden. Junge Menschen müssen damit ringen: »Wer ist Jesus Christus für uns in all dem? Wie wirkt Gott hier?« Wir brauchen die Geschichten von: »Alles war gut, aber dann ging alles schief. Gott hat dann aber eingegriffen und jetzt ist wieder alles gut.« Aber wir brauchen auch das Ringen von Menschen, die im Moment am Kreuz stehen und mit Gottes Abwesenheit, Gottes Verborgenheit ringen. Wir müssen mit der Frage ringen: »Wo ist Gott inmitten dieser Situation?« Wir müssen uns in diesen Moment hineinbegeben. Tiefer Glaube vertraut und hält an den Geschichten einer Gemeinschaft fest, dass der Gott Israels sich aus der Unmöglichkeit heraus bewegt und Leben aus dem Tod bringt.[22] Und das, denke ich, ist letztlich auch das, was wirklich wichtig ist, wenn wir über die Bedeutung dieser Geschichten nachdenken.

Zurück zu unseren Basketball-Eltern. Wirklich interessant an ihnen ist, dass sie tatsächlich glaubten, alle *Dinge* im Leben ihrer Kinder seien gleichwertig. Aber das stimmte natürlich nicht, denn Basketball hatte eine viel tiefere Geschichte als all die

---

22 Vgl. Root, Andrew, The Promise of Despair. The Way of the Cross as the Way of the Church, Nashville 2010.

andern. Wenn man eine der Töchter fragen würde, warum sie Basketball so liebt, würde sie eine Geschichte erzählen. Eine würde dir vielleicht erzählen, dass sie ihren Opa in den Zuschauerreihen hüpfen sah, als sie das erste Mal einen Drei-Punkte-Wurf schaffte. Oder du würdest herausfinden, dass Mutter und Vater sich auf einem Basketballcamp kennengelernt hatten. Nein, Basketball war nie nur eine Aktivität unter vielen. Basketball ist wichtig, weil eine tiefe Geschichte damit verbunden ist.

Glaube für heute als Partizipation in die Geschichte Gottes mit den Menschen

Was uns also wirklich bewegt und verändert – und was Glaube in vielerlei Hinsicht selbst ist – besteht darin, sich in die größere Geschichte von Jesus Christus hineinzubegeben, die zu unserer eigenen werden kann. Dies führt dich zu deiner eigenen Zerbrochenheit und Schwäche, in die Gott eintritt und aus der er Leben hervorbringt. Das ist Glaube und Vertrauen, dass Gott trotz der Erfahrung von Unmöglichkeit etwas mit großer Bedeutung hervorbringt.[23] Ich denke, dass Glaube, zumindest im Sinne von Paulus, bedeutet, dass der Gott des Kreuzes aus der völligen Unmöglichkeit heraus Leben bringt.

Einer meiner liebsten Paulusbriefe ist der 2. Korintherbrief. Ich liebe ihn so sehr, weil ich der Überzeugung bin, man könnte eine Miniserie daraus machen. Der Text ist einfach beeindruckend: Paulus gründet diese Gemeinde mitten in Korinth, dem Las Vegas der antiken Welt. Dann ist er weitergereist und während er weg ist, kommen einige neue Mitglieder zu dieser Gemeinde. Sie kennen Paulus nicht, aber sie mögen ihn. Sie haben seine Briefe gelesen und all die Geschichten über ihn gehört. Also denken sie, Paulus ist wirklich jemand ganz besonderes. Dann kommt Paulus wieder und es läuft gar nicht gut. Der 2. Korintherbrief ist seine Antwort genau darauf. Als sie hörten, dass Paulus kommt, stellten sich die neuen Mitglieder eine Art Brad Pitt vor – einen beeindruckenden Typen, stark und einfach fantastisch. Dann kommt Paulus zurück und – er ist nicht Brad Pitt. Er ist Danny DeVito. Und die Korinther reagieren mit: »Was? Nein, nein, nein.« Paulus berichtet davon im 2. Korintherbrief. Er sagt: »Den Paulus aus den Briefen mochtet ihr, aber als ich in eurer Gegenwart auftauchte, nicht so sehr.« Und sie sagen: »Nein, das kann doch nicht Paulus sein.« Es wird noch schlimmer, als er anfängt zu predigen. Man kann sich vorstellen, dass einige vielleicht dachten: »Okay, er sieht nicht besonders gut aus, aber er wird ja wohl wenigstens predigen können.« Aber als sie ihm dann zuhören, ist es höchstens durchschnittlich. Das funktioniert nicht in Las Vegas. So bekommt er niemals einen Platz auf der Bühne. Die Blue Man Group ist besser als er. Er könnte nicht einmal ins Vorprogramm von Britney Spears. Das kann nicht funktionieren. Paulus muss den 2. Korintherbrief schreiben, um darauf zu reagieren. Seine Antwort ist faszinierend, weil er unglaublich passiv-aggressiv ist.

---

23 Vgl. Root, Faith Formation in a Secular Age, 145.

Ich komme aus Minnesota und wir sind dafür bekannt, passiv-aggressiv zu sein. Solltest du jemals nach Minnesota kommen, wirst du merken warum. Wir mögen es, nach der Predigt zum Pastor zu gehen und zu sagen »Danke Pastor. Das war sehr interessant.« Und man hat keine Ahnung was ›interessant‹ bedeutet! Es könnte heißen, dass wir die Predigt geliebt haben. Es könnte aber auch bedeuten, dass wir sie gehasst haben. Aber wir sagen einfach, »Es war interessant« und lächeln.

Hier ist also Paulus ganz passiv-aggressiv: »Wisst ihr, ich könnte… Ich könnte mich wirklich rühmen, wenn ich das wollte, aber ich werde mich nicht rühmen. Ich meine, wer hat mehr für das Evangelium aufgegeben als ich? Ich könnte euch das erzählen. Wer wurde mehr für das Evangelium geschlagen als ich? Ich könnte euch von dem Typen erzählen, der in den dritten Himmel erhoben wurde. Ich könnte euch all das erzählen, aber ich werde es nicht tun.« Und du liest es und denkst die ganze Zeit: »Paulus, *du erzählst es ihnen doch!*«

Aber worauf ich eigentlich hinauswill, ist eine wirklich schöne Stelle in dem Abschnitt, in dem Paulus zum theologischen Herzstück des Briefes kommt. Er sagt: »Ihr habt Recht. Ich bin nicht gutaussehend und ein durchschnittlicher Prediger. Aber versteht ihr das nicht? Genau das ist doch die Referenz für meine Berufung. Das ist es, was mich qualifiziert, das Evangelium zu predigen. Liebe Korinther, euer Gott kommt *gekreuzigt* in diese Welt! Er kommt durch die Hintertür und bringt Leben durch den Tod.«

Ich denke, was sich letztlich verändern sollte und worum es in der christlichen Jugendarbeit gehen muss, ist die Frage: »Wie können wir Jugendliche in diese Geschichte hineinnehmen, in diese Geschichte, die sich im Leben der Menschen in eurer Gemeinde manifestiert und ausgelebt wird?« Als Kirche in der westlichen Welt fühlen wir uns oft nicht konkurrenzfähig, weil wir nicht genügend Ressourcen haben. Aber das Ziel war niemals mitzuhalten. Das Ziel ist es, diese Geschichten weiterzutragen, weiterhin zu verkünden, dass es einen Gott gibt, der das Tote nimmt und es zum Leben erweckt. Es geht darum, auf die Orte im Leben der Menschen in unserer Gemeinschaft hinzuweisen, an denen Gott dies tut – und diese Erfahrungen des Todes um des Lebens willen zu teilen.

Ich will diese Einheit mit einer Geschichte von Dietrich Bonhoeffer beenden, den wir im dritten Teil noch näher behandeln werden. Wir wissen, dass Bonhoeffer zwei Konfirmationsgottesdienste gehalten hat. Einen 1932 in Berlin-Wedding, während einer schweren Zeit, in der Not und Armut überall allgegenwärtig war. Die Nationalsozialisten waren überall auf den Straßen und kämpften gegen Widerständler. In dieser Zeit übernimmt Bonhoeffer den Konfirmationsunterricht und hält eine Predigt über Genesis 32, in der er die Jungen anfleht, mit aller Kraft an Gott festzuhalten. Er spricht über Jakob, der mit Gott ringt und ihn dennoch auf keinen Fall loslassen will.[24]

Die zweite Predigt hält er 1938.[25] Er predigt über Markus 9, wo der Vater sagt, »Ich glaube, hilf meinem Unglauben.« Er hält diese Predigt, nachdem er einer Frau die

---

24 Vgl. Root, Andrew, Bonhoeffer as Youth Worker. A Theological Vision For Discipleship And Life Together, Grand Rapids 2014, 109–110.
25 Vgl. Root, Bonhoeffer as Youth Worker, 146–147.

Grundlagen des Glaubens erklärt hat, die später eine große Rolle in der Bekennenden Kirche spielen würde und auch half, das Predigerseminar Finkenwalde mitzufinanzieren. Ihr Name war Ruth von Kleist-Retzow. Sie fragte Bonhoeffer, ob er nicht auch ihre Enkelkinder konfirmieren könne. Er geht diesem Wunsch nach und er hält diese wundervoll nüchterne und schöne Predigt. Wir schreiben das Jahr 1938 und die Bekennende Kirche ist im Niedergang. Es sieht nicht nach guten Tagen aus. Und Bonhoeffer predigt zu diesen sechs jungen Menschen: »Denkt daran, dass es wichtig ist, was hier passiert. Diese Konfirmationsfeier ist wichtig, aber es geht nie darum, dass ihr Jesus Christus in einem Konfirmationsgottesdienst bekennt. Ihr bekennt Jesus Christus niemals in einem Gottesdienst. Es wird draußen in der Welt sein, wo es wirklich darauf ankommt, dass ihr bekennt, Nachfolger Jesu Christi zu sein.« Und dann sagt er auf tiefsinnige Weise: »Wisst ihr, wir können dem Glauben niemals irgendein Adjektiv voranstellen.«

Falls ihr jemals amerikanische Literatur zu Jugendarbeit gelesen habt, wisst ihr, dass Amerikaner süchtig danach sind, Adjektive vor den Begriff Glaube zu setzen. Wir wollen, dass unser Dienst einen ›konsequenten‹ Glauben, einen ›lebendigen‹ Glauben, einen ›haftenden‹ Glauben oder irgendeine andere Art von Glauben mit Adjektiv erzeugt.[26] Aber Bonhoeffer sagt 1938, »Es gibt kein angemessenes Adjektiv, das man vor den Glauben setzen könnte, außer ›schwach‹.« Glaube kann nur schwach sein. Es ist der Glaube, der Gott wie der Vater in Markus 9 anfleht: »Ich glaube, hilf meinem Unglauben.« Er sagt diesen jungen Menschen: »Seid nichts als nüchtern, wenn es um den Glauben geht. Wir haben schwierige Tage vor uns, und der Glaube kann – für euch Jugendliche ebenso wie für uns Erwachsene – nichts sein, außer schwach, weil wir uns nur jeden Tag aufs Neue ganz Gott hingeben können.« Aber was ich dir in diesem Kapitel mit auf den Weg geben möchte, ist dieses tiefe Wort Bonhoeffers: »Faith is the kind of reality that can never be banked. You cannot bank faith.«[27]

Bis jetzt war unsere nordamerikanische Jugendarbeit häufig darauf ausgelegt, Glauben anzusparen. Wir denken, wenn unsere christlichen Jugendprogramme nur stark genug sind, sodass sie viel Aufmerksamkeit erregen und viele Jugendliche anziehen, dann können die Jugendlichen sich in dieser Zeit so viel Glauben anhäufen, dass sie auch noch während ihres Studiums und wenn sie erwachsen sind, davon zehren können. Und weil sie in unseren großartigen Jugendprogrammen so viel Glauben angesammelt haben, werden sie auch für immer im Glauben bleiben. Unsere Aufgabe wäre es dann also, in den nächsten Jahren so viel Glauben wie möglich in sie hineinzupumpen, damit sie in den Jahren nach ihrem Abschluss davon leben können.

Bonhoeffer sagte 1938 sehr prophetisch: »Glaube ist die Art der Realität, die man nicht ansparen kann.« Man kann ihn nicht für schlechte Tage auf die Seite legen, man kann immer nur einen solchen Glauben haben, wie ihn uns Paulus hier im 2. Ko-

---

26 Vgl. Root, Faith Formation in a Secular Age, 108.
27 Root, Bonhoeffer as Youth Worker, 151–152. [Zurückübersetzt ins Deutsche: »Der Glaube ist die Art von Realität, die man nicht wie Geld auf einem Bankkonto aufsparen kann. Den Glauben kann man nicht horten.« AJ]

rintherbrief zeigt. Einen Glauben, der eingebettet ist ins Kreuz Jesu Christi.[28] Man kann immer nur genug Glauben für einen Tag haben. Heute nur genug für heute. Und morgen wirst du genug für morgen haben. Aber heute, da hast du nur genug Glauben für den heutigen Tag. Bonhoeffer will damit sagen: Wenn man jungen Menschen beibringen kann, genug Glauben zu haben, um den heutigen Tag zu überstehen, dann hat man ihnen die Praxis und die Vision gegeben, auch den Glauben für den nächsten Tag zu haben. Es sind die Geschichten aus ihrer Gemeinschaft, wie Gott gehandelt hat und wie er vom Tod zu neuem Leben bewegt hat.

Wenn wir über die Jugendarbeit der Zukunft nachdenken, hoffe ich, dass wir damit beginnen, ihnen genug Glauben für heute zu geben. Das ist die Art von Gemeinschaft in ihrer Kirche, die ihnen Geschichten vermittelt. Geschichten, die es ihnen ermöglichen, genug Glauben für heute zu haben. Ich glaube, dass es in der Jugendarbeit im amerikanischen Kontext zu oft darum ging, dass man ein Programm auf die Beine stellt, welches bei jungen Menschen so viel Interesse weckt, dass sie genug Glauben ansparen können, um von den Zinsen zu leben. Ich denke, wir müssen uns von dieser Annahme abwenden und nüchterner denken. Wir sollten durch den Geist Jesu Christi ermächtigt sein, genug Glauben für heute zu haben. Ich glaube, das kann die christliche Jugendarbeit erneuern. Wie können wir jungen Menschen helfen, die Geschichten zu verstehen, damit sie genug Glauben für heute haben?

Literatur
Lareau, Annette, Unequal Childhoods. Class, Race, and Family Life, Berkeley ²2011.
Root, Andrew, Bonhoeffer as Youth Worker. A Theological Vision For Discipleship and Life Together, Grand Rapids 2014.
Root, Andrew, Faith Formation in a Secular Age, Grand Rapids 2017.
Root, Andrew, Revisiting Relational Youth Ministry. From a Strategy of Influence to a Theology of Incarnation. Downers Grove 2007.
Root, Andrew, The Congregation in a Secular Age. Keeping Sacred Time Against the Speed of Modern Life, Grand Rapids 2021.
Root, Andrew, The End of Youth Ministry? Why Parents Don't Really Care About Youth Groups and What Youth Workers Should Do About It, Grand Rapids 2020.
Root, Andrew, The Promise of Despair. The Way of the Cross as the Way of the Church, Nashville 2010.
Root, Andrew / Bertrand, Blair, When Church Stops Working. A Future for Your Congregation Beyond More Money, Programs, and Innovation, Grand Rapids 2023.
Root, Andrew / Dean, Kenda Creasy, The Theological Turn in Youth Ministry, Downers Grove 2011.
Rosa, Hartmut, Resonance. A Sociology of Our Relationship to the World, Cambridge 2019.
Twenge, Jean M., iGen. Why Today's Super-Connected Kids Are Growing Up Less Rebellious, More Tolerant, Less Happy – and Completely Unprepared for Adulthood – and What That Means for the Rest of Us, New York 2017.

---

28 Vgl. Root, Faith Formation in a Secular Age, 120.

Reflections from an *Ausländerin* (Response)

Gretchen Schoon Tanis

Als ich eingeladen wurde, eine Antwort auf Andrew Root und sein Werk über verschiedene Merkmale und Themen des pastoralen Lebens und des christlichen Dienstes im säkularen Zeitalter zu geben, fühlte ich mich geehrt. Was die Einladung noch reizvoller machte, war das brückenschlagende Element, das ich in dieser Rolle der Antwortenden zu erfüllen hatte. Da ich in den letzten zehn Jahren als amerikanische Staatsbürgerin in Deutschland gelebt habe, war es meine Aufgabe, seine Ausführungen mit dem Blick einer Ausländerin zu lesen und zu hören. Kann ich seine Worte in eine Sprache übersetzen, die für ein deutsches Publikum Sinn macht? Ich freue mich über die Chance, es zu versuchen. Auf den folgenden Seiten werde ich zeigen, dass die Ähnlichkeiten in der deutschen und amerikanischen Kultur des 21. Jahrhunderts es Root ermöglichen, Elemente anzusprechen, die beide Gesellschaften auf ähnliche Weise prägen. Ich werde auch einige Elemente aufzeigen, die in Europa und besonders in Deutschland anzutreffen sind. Dabei wird die Ebene der *Angst* eine Rolle spielen, die in der deutschen Gesellschaft spürbar ist. Aber ich werde mit gesellschaftlichen und speziell christlichen Grundelementen in Deutschland schließen, die die christliche Jugendarbeit in eine positive Richtung lenken. Wenn Sie mit meinen Argumenten nicht einverstanden sind, machen Sie sich keine Sorgen, ich bin *Ausländerin*. Mein Ziel ist es jedoch, dass Sie einen Hoffnungsschimmer erleben, der uns als Christen im 21. Jahrhundert weiterbringt.

Ich werde mit den Gemeinsamkeiten zwischen Deutschland und den Vereinigten Staaten beginnen, sowohl in der Kirche als auch in der säkularen Gesellschaft.

Ähnlichkeiten

Sowohl in Deutschland als auch in den Vereinigten Staaten erleben die Kirchen im späten 20. und frühen 21. Jahrhundert einen Rückgang der Mitgliederzahlen[1], insbesondere in den großen Kirchengemeinden, sowie einen Anstieg der »Nones« oder der

---

1 Ryan P. Burge zufolge ist der Rückgang der Mitgliederzahlen nicht nur bei religiösen Organisationen zu beobachten. Im Allgemeinen haben die Menschen aufgehört, sich Gruppen anzuschließen. Außerdem gibt es einen Rückgang von sozialen Aktivitäten insgesamt. Die Kirche scheint von dieser Welle der Entsozialisierung, die in den letzten zwei Jahrzehnten stattgefunden hat, erfasst worden zu sein. Vgl. Burge, Ryan P., The Nones. Where They Came From, Who They Are, and Where They are Going, Minneapolis 2021, 55.

»spirituellen, aber nicht religiösen« Bevölkerungsgruppen. Laut dem Buch *The None. Where They Came From, Who They Are, and Where They are Going* von Ryan P. Burge, sind von den sechs religiösen Traditionen, die er für seine Studie über den Anstieg der Nones herangezogen hat, fünf kleiner als 1972. Er schreibt: »To put it bluntly, 5 percent of the population disaffiliated in a five-year period. From that point forward, the Nones have enjoyed what venture capitalists have called ›hockey stick‹ growth...«[2]. Die Nones sind seit Mitte der 1990er Jahre kontinuierlich gewachsen.[3] Der Rückgang der Kirchenmitgliedschaft findet zwar schon seit Jahrzehnten statt, hat sich aber in den letzten Jahren aufgrund der Pandemie, der Kirchenskandale und anderer Faktoren scheinbar beschleunigt. In einer Gallup-Studie von Anfang 2024 heißt es: »Three in 10 Americans say they attend religious services every week (21 %) or almost every week (9 %), while 11 % report attending about once a month and 56 % seldom (25 %) or never (31 %) attend.«[4]

Demgegenüber stehen die folgenden Besucherzahlen aus demselben Bericht:

»Two decades ago, an average of 42 % of U.S. adults attended religious services every week or nearly every week. A decade ago, the figure fell to 38 %, and it is currently at 30 %. This decline is largely driven by the increase in the percentage of Americans with no religious affiliation -- 9 % in 2000–2003 versus 21 % in 2021–2023 -- almost all of whom do not attend services regularly.«[5]

Auch in Deutschland ist die Zahl der Kirchenmitglieder und die Zahl der Kirchenbesucher rapide zurückgegangen. Die *Church Times*[6] stellte fest, dass die römisch-katholische Kirche und die Evangelische Kirche in Deutschland (EKD) zum ersten Mal weniger als die Hälfte der deutschen Bevölkerung repräsentieren:

»The Bishop [of Limburg, Dr Georg Bätzing] spoke to journalists as new figures showed that a record 523,000 RCs [Roman Catholics] had died or deliberately left the

---

2   Burge, The Nones, 27. [Dt.: »Um es ganz offen zu sagen: 5 Prozent der Bevölkerung haben sich innerhalb von fünf Jahren von der Kirche losgesagt. Seitdem erfreuen sich die Nones eines Wachstums, das Risikokapitalgeber als ›Hockeyschläger-Wachstum‹ bezeichnen...«. AJ].

3   Vgl. Burges Erklärung des Social Desirability Bias als mögliche Ursache für dieses Phänomen: Burge, The Nones, 42.

4   Jones, Jeffrey M., Church Attendance Has Declined in Most U.S. Religious Groups, https://news.gallup.com/poll/642548/church-attendance-declined-religious-groups.aspx, [2024-03-25]. [Dt.: »Drei von zehn Amerikanern geben an, dass sie jede Woche (21 %) oder fast jede Woche (9 %) einen Gottesdienst besuchen, während 11 % angeben, etwa einmal im Monat hinzugehen, und 56 % selten (25 %) oder nie (31 %).« AJ].

5   Jones, Church Attendance Declined. [Dt.: »Vor zwei Jahrzehnten besuchten durchschnittlich 42 % der Erwachsenen in den USA jede Woche oder fast jede Woche einen Gottesdienst. Vor einem Jahrzehnt sank diese Zahl auf 38 %, und derzeit liegt sie bei 30 %. Dieser Rückgang ist größtenteils auf den Anstieg des Prozentsatzes der Amerikaner ohne Religionszugehörigkeit zurückzuführen – 9 % in den Jahren 2000–2003 gegenüber 21 % in den Jahren 2021–2023 – von denen fast alle nicht regelmäßig an Gottesdiensten teilnehmen.« AJ].

6   Vgl. Luxmore, Jonathan, Membership Falling in German Churches, https://www.churchtimes.co.uk/articles/2023/14-july/news/world/membership-falling-in-german-churches, [2023-07-14].

Church during 2022, compared with 359,000 the year before, which was already a record number.

In March, the country's 20 regional Evangelical Churches reported a drop of 575,000, or 2.9 per cent, in their combined membership during 2022, mostly through withdrawal from the church tax system. Some *Landeskirchen*, such as Bavaria's, showed a marked decline.«[7]

Wie in den Vereinigten Staaten geht auch in Deutschland der Rückgang der Kirchenmitglieder mit einem Rückgang der Zahl derer einher, die regelmäßig Gottesdienste besuchen. Im Jahr 2023 berichtete Le Monde wie folgt: »These departures go hand in hand with a significant decline in church attendance over several decades. In 2021, throughout Germany, the Sunday worship attendance rate was 4.3 % for Catholics and around 3 % for Protestants«[8]

Wie bereits erwähnt, ging dieser Rückgang mit einer Zunahme der Nones einher, von denen es verschiedene Arten gibt. In einer umfassenden Studie über europäische Christen stellte das Pew Research Center fest:

»The vast majority of adults in the United States, like the majority of Western Europeans, continue to identify as Christian (71 %). But on both sides of the Atlantic, growing numbers of people say they are religiously unaffiliated (i. e., atheist, agnostic or »nothing in particular«). About a quarter of Americans (23 %, as of 2014) fit this description, comparable to the shares of »nones« in the UK (23 %) and Germany (24 %).«[9]

Im Pew-Bericht heißt es weiter: »Younger adults (those between the ages of 18 and 34), men and college graduates are more likely to self-identify as religiously un-

---

7   Luxmore, Membership Falling. [Dt.: »Der Bischof [von Limburg, Dr. Georg Bätzing, GST] sprach zu Journalisten, als neue Zahlen zeigten, dass im Jahr 2022 eine Rekordzahl von 523.000 Katholiken gestorben oder bewusst aus der Kirche ausgetreten sind. Im Jahr zuvor waren es 359.000, was bereits eine Rekordzahl war. Im März meldeten die 20 evangelischen Landeskirchen des Landes einen Rückgang ihrer Mitgliederzahl um 575.000 oder 2,9 Prozent im Jahr 2022, was hauptsächlich auf den Ausstieg aus dem Kirchensteuersystem zurückzuführen ist. Einige *Landeskirchen*, wie die bayerische, verzeichneten einen deutlichen Rückgang.« AJ].
8   Toscer-Ango, Sylvie, German churches no longer provide individuals with resources to make sense of their lives, https://www.lemonde.fr/en/opinion/article/2023/05/08/german-churches-no-longer-provide-individuals-with-resources-to-make-sense-of-their-lives_6025846_23.html, [2023-05-08]. [Dt.: »Diese Abgänge gehen mit einem deutlichen Rückgang der Kirchenbesuche über mehrere Jahrzehnte einher. Im Jahr 2021 lag die Sonntagsgottesdienstbesuchsquote in ganz Deutschland bei 4,3 % für Katholiken und bei etwa 3 % für Protestanten.« AJ].
9   Pew Research Center [Hg.], Being Christian in Western Europe, https://www.pewresearch.org/religion/2018/05/29/being-christian-in-western-europe, [2025-07-23], 47. [Dt.: »Die große Mehrheit der Erwachsenen in den Vereinigten Staaten, wie auch die Mehrheit der Westeuropäer, bezeichnet sich weiterhin als Christen (71 %). Doch auf beiden Seiten des Atlantiks gibt es immer mehr Menschen, die sich als religiös ungebunden bezeichnen (d. h. als Atheisten, Agnostiker oder »nichts Bestimmtes«). Auf etwa ein Viertel der Amerikaner (23 %, Stand 2014) trifft diese Beschreibung zu, vergleichbar mit den Anteilen der »Nones« in Großbritannien (23 %) und Deutschland (24 %).« AJ].

affiliated, while older respondents (age 35 and up), women and those with less than a college education are more likely to identify as Christian.«[10] Burge erklärt: »If I were to point to a few factors, I think secularization, politics, and the internet are the major causal factors that have given rise to the nones.«[11] Er merkt weiter an, dass es naiv wäre zu glauben, dass Europa – das ein ähnliches Wirtschaftswachstum und einen ähnlichen Bildungsstand seiner Bevölkerung aufweist – einen massiven Rückgang der Religionszugehörigkeit erlebt, während die USA ein ähnliches Schicksal vermeiden könnten. Burge weist auch auf mögliche Einflüsse hin, die zum Anstieg der Nones geführt haben: »While secularization might have put the pieces in place for America's disaffiliation, I think what accelerated the shift were changes in politics, fueled in no small part by the introduction of the internet.«[12]

Es gibt eine klare Spaltung zwischen den Generationen, die mit dem Aufstieg des digitalen Zeitalters und dem Aufkommen des Internets zusammenhängen könnte. Während die »Silent Generation« (geboren 1928–45) sich zu 84 % als Christen bezeichnet, sind es bei den Millennials (geboren 1981–96) nur 49 %.[13] Die jüngeren Generationen haben sich zunehmend vom Glauben abgewendet, und zwar in einem solchen Ausmaß, dass heute eine erhebliche Kluft zwischen den Generationen zu beobachten ist, insbesondere zwischen der Silent Generation (84 % Christen und 10 % Konfessionslose) und den Millennials (49 % Christen und 40 % Konfessionslose).

Diese Verschiebung hat sich in den letzten 40 Jahren vollzogen, denn die Zahl der jungen Erwachsenen (18–29 Jahre), die sich als konfessionslos bezeichnen, ist von 10 % im Jahr 1986 auf 36 % im Jahr 2020 gestiegen.[14]

Aufgrund der steigenden Zahl junger Erwachsener, die sich gegen eine formale Kirchenmitgliedschaft entscheiden oder alternative Bereiche des geistlichen Lebens abseits der christlichen Gemeinden erkunden, setzen sich die Verantwortlichen in den Kirchen und Konfessionen mit den geistlichen und wirtschaftlichen Faktoren auseinander, die zu diesem Anstieg beitragen. Wie Andrew Root sagte: »The anxiety that seems to keep church people up at night is not, ›Will our children ever have ex-

---

10   Pew Research Center [Hg.], Being Christian, 82. [Dt.: »Jüngere Erwachsene (zwischen 18 und 34 Jahren), Männer und Hochschulabsolventen bezeichnen sich eher als religiös ungebunden, während ältere Befragte (ab 35 Jahren), Frauen und Personen mit weniger als einem Hochschulabschluss sich eher als Christen bezeichnen.« AJ].
11   Burge, The Nones, 66. [Dt.:«Wenn ich einige Faktoren nennen sollte, dann denke ich, dass Säkularisierung, Politik und das Internet die wichtigsten Ursachen für die Entstehung der Nones sind.« AJ].
12   Burge, The Nones, 66. [Dt.:»Während die Säkularisierung die Voraussetzungen für Amerikas Entfremdung geschaffen haben könnte, glaube ich, dass Veränderungen in der Politik, die nicht zuletzt durch die Einführung des Internets angeheizt wurden, den Wandel beschleunigt haben.« AJ].
13   Vgl. Pew Research Center [Hg.], In U.S., Decline of Christianity Continues at Rapid Pace. An update on America's changing religious landscape, https://www.pewresearch.org/religion/2019/10/17/in-u-s-decline-of-christianity-continues-at-rapid-pace, [2019-10-17].
14   Vgl. Public Religion Research Institute [Hg.], 2020 PRRI Census of American Religion. County-Level Data on Religious Identity and Diversity, https://www.prri.org/research/2020-census-of-american-religion, [2021-08-07].

periences of the eternal in time?‹ but, ›Will we lose our children to the secular space, and therefore find our religious institutions losing ground?‹«[15]

Beide Länder haben nicht nur mit dieser veränderten Realität zu kämpfen, sondern verzeichnen auch einen Anstieg der Zahl junger Erwachsener mit psychischen Problemen. Sowohl in Deutschland als auch in den Vereinigten Staaten leiden junge Erwachsene unter einer Reihe von psychischen Problemen wie Angstzuständen und Depressionen[16], und zwar in einem solchen Ausmaß, dass junge Erwachsene als »anxious generation«[17] [dt. ängstliche Generation] bezeichnet werden. Angesichts der Auswirkungen der COVID-Pandemie auf das soziale und schulische Leben junger Erwachsener ist eine Zunahme von psychischen Probleme bei jungen Erwachsenen nicht überraschend.[18]

Deutschland

In Deutschland ist permanente Anpassung an z. B. die Pandemie für junge Menschen eine ständige Erfahrung. Ganz oben auf der Liste der Themen, mit denen sich junge Erwachsene auseinandersetzen, stehen Fragen der Migration, des Zugangs zu Arbeitsplätzen und der Auswirkungen des globalen Klimawandels.[19] Diese gemeinsamen Faktoren, aber vor allem jene, die im deutschen Kontext einzigartig sind, erhöhen den Grad der Angst in der deutschen Kultur.

Aber es gibt auch Elemente, die in der deutschen Kultur besonders ausgeprägt sind und das Leben junger Erwachsener heute beeinflussen. Es gibt diejenigen, die den Ruf nach radikalen Veränderungen inmitten des globalen Klimawandels nicht nur durch die Protestmärsche von *Fridays for Future*, sondern vor allem durch die Bewegung der *Letzten Generation* aufgreifen. Hier ergreifen junge Erwachsene aufgrund der absoluten Verzweiflung und der Dringlichkeit des globalen Klimawandels radikale Maßnahmen, um gegen die anhaltende Notlage des Planeten zu protestieren. Mitglieder der *Letzten Generation* kleben ihre Hände an Straßen, werfen Farbe und Lebensmittel auf unbezahlbare Kunstwerke, und einige junge Menschen haben sich während eines Fußballspiels an Torpfosten gebunden, um das Spiel zu stören und auf ihr Anliegen

---

15 Root, Andrew, Faith Formation in the Secular Age, 107. [Dt.: »Die Sorge, die Kirchenleute nachts wachzuhalten scheint, ist nicht: ›Werden unsere Kinder jemals Erfahrungen mit der Ewigkeit in Zeit und Raum machen?‹, sondern: ›Werden wir unsere Kinder an den säkularen Raum verlieren und unsere religiösen Institutionen deshalb den Boden verlieren?‹« AJ].
16 Vgl. World Health Organization [Hg.], Mental health of adolescents, https://www.who.int/news-room/fact-sheets/detail/adolescent-mental-health, [2024-10-10].
17 Active Minds [Hg.], Statistics, https://www.activeminds.org/about-mental-health/statistics, [2023-07-22].
18 Vgl. Brühart, Marius u. a., Young people's mental and social distress in times of international crisis. Evidence from helpline calls, 2019–2022, https://www.nature.com/articles/s41598-023-39064-y, [2023-07-22].
19 Vgl. TUI Stiftung (Hg.), Jugendstudie 2024, https://www.tui-stiftung.de/unsere-projekte/junges-europa-die-jugendstudie-der-tui-stiftung/jugendstudie-2024/ [2025-06-30].

aufmerksam zu machen.[20] Diese Aktivitäten der Bewegung der *Letzten Generation* gibt es nur im europäischen Kontext.

In Deutschland haben junge Menschen nach der Pandemie eine Energiekrise bewältigt, die auf den Einmarsch Russlands in die Ukraine zurückzuführen ist.[21] Neben der Energiekrise mussten sich die deutschen Bürgerinnen und Bürger auch mit der politischen Frage auseinandersetzen, ob sie der Ukraine helfen sollten und in welchem Umfang sie Waffen und militärische Hilfsgüter bereitstellen können. Die deutsche Gesellschaft hat sich recht schnell auf die große Zahl ukrainischer Flüchtlinge eingestellt und in den Bereichen Wohnen, Bildung, Gesundheit und Arbeit Platz für die Vertriebenen geschaffen – und das nur sechs Jahre nachdem Deutschland 1.000.000 v. a. syrischer Flüchtlinge aufgenommen hatte. Parallel zu den Auswirkungen des Krieges in der Ukraine musste sich Deutschland auch mit einer politischen und militärischen Haltung angesichts des Krieges im Nahen Osten zwischen Palästina und Israel auseinandersetzen. In Anbetracht dieser Faktoren, die das Leben junger Erwachsener in Deutschland und im gesamten europäischen Kontext beeinflussen, stellt Andrew Root in seinem ersten Beitrag in diesem Band eine einfache, aber tiefgreifende Frage: »Was ist das gute Leben?«

Was macht das gute Leben aus?

Root erinnert uns daran, dass dem Streben nach dem guten Leben eine Frage zugrunde liegt, die die Identität betrifft. Diese Identitätsfrage – das uralte Nachdenken über die Frage »Wer bin ich?« – ist eine zentrale Aufgabe der Adoleszenz. Im modernen westlichen Zeitalter ist diese Frage »Wer bin ich?« seit den 1960er Jahren jedoch zu einer Frage der Authentizität geworden. Um diese Frage zu klären, greift Root auf die Arbeit des Soziologen Hartmut Rosa zurück, der uns auf die drei »A« hinweist: accessibility, availability, attainability [dt. Zugänglichkeit, Verfügbarkeit, Erreichbarkeit].

Über Jahrhunderte hinweg haben Erwachsene auf die Frage »Was macht das gute Leben aus?« gleichzeitig die Frage gestellt, ob die Kinder »gut« sind. Über Generationen hinweg haben sich Erwachsene mit der Frage auseinandergesetzt, was ein gutes Leben für sie selbst und die nachfolgenden Generationen ausmacht. Sie haben die Frage, ob die Kinder »gut sind«, auf vielfältige Weise beantwortet. Mit jeder Generation haben sich Programme und Möglichkeiten entwickelt, um unseren jungen Menschen einen Weg zum guten Leben zu bieten, insbesondere im Rahmen eines religiösen Verständnisses. Für die Gesellschaft ist es wichtig, dass junge Menschen Zugang zu Programmen haben und über die notwendigen Mittel verfügen, um etwas zu erreichen.

---

20 Vgl. Stole, Bryn, Glue-ten Tag! Behind the scenes with Germany's reviled ›climate-gluer‹ activists, https://slate.com/news-and-politics/2023/02/letzte-generation-last-generation-germany-climate-gluers.html, [2023-02-03].

21 In den Sommer- und frühen Herbstmonaten des Jahres 2022 fragten sich viele Menschen besorgt, ob Deutschland in diesem Jahr und bis in das Jahr 2023 hinein genug Brennstoff zum Heizen von Unternehmen und Wohnungen haben würde.

In unserer Erfahrung des 21. Jahrhunderts hat dies zu dem Wunsch der Mittelschicht geführt, dass unsere jungen Leute in allen möglichen Vereinen mit allen möglichen Gadgets, die für den Erfolg zur Verfügung stehen, mitmachen. Diese Zugänglichkeit zu Programmen und die Verfügbarkeit von Werkzeugen und Wissen hat zu einem geschäftigen und abgelenkten Leben geführt, das ein Nebenprodukt des Strebens nach Erreichbarkeit ist. Eine der Ironien dieses Zeitalters der Authentizität im 21. Jahrhundert besteht darin, dass junge Menschen zwar extrem beschäftigt sind mit Aktivitäten zur persönlichen Weiterentwicklung, die Gesellschaft aber festgestellt hat, dass junge Menschen tatsächlich langsamer reifen als in früheren Generationen. Und wie der Sozialpsychologe Jonathan Haidt herausgefunden hat, ist es gerade der Zugang zu diesen Gadgets, der zum Anstieg von Angstzuständen und Depressionen bei unseren jungen Erwachsenen in der westlichen Gesellschaft führt.

Eine Frage, die die Forscher umtreibt, ist die Suche nach der Ursache für die Zunahme von Angst und Depression bei jungen Menschen. Für die Psychologen Jonathan Haidt und Jean Twenge könnten die Ursachen in der Nutzung des Smartphones durch Kinder liegen. Wie Haidt so drastisch feststellte, dass »The Great Rewiring of Childhood, from play-based to phone-based, has been a catastrophic failure.«[22] Für Haidt und Twenge könnte die Zunahme von Angstzuständen bei jungen Erwachsenen direkt mit der sozialen Deprivation, dem Schlafmangel, der Fragmentierung der Aufmerksamkeit und der Abhängigkeit zusammenhängen, die mit der zunehmenden Nutzung von Mobiltelefonen einhergehen. Haidt zufolge verbringen junge Erwachsene zwischen sechs und acht Stunden pro Tag mit bildschirmgestützten Freizeitaktivitäten.[23] Er zeigt, dass »the Great Rewiring and the dawn of the phone-based childhood seem to have added two to three hours of *additional* screen-based activity, on average, to a child's day, compared with life before the smartphone«[24]. Um auf die Arbeit von Hartmut Rosa zurückzukommen: Durch die Verwendung von Mobiltelefonen wird die Zugänglichkeit, Verfügbarkeit und Erreichbarkeit von jungen Menschen erhöht, was zu einer Zunahme von Fragmentierung und Ablenkung in deren Leben führt. Jonathan Haidt hat in seiner Arbeit gezeigt: »When you add it all up, the average number of notifications on young people's phones from the top social and communication apps amounts to 192 alerts per day, according to one study. The average teen, who now gets only seven hours of sleep per night, therefore gets about 11 notifications per waking hour, or one every five minutes.«[25]

---

22   Haidt, Jonathan, The Anxious Generation. How the Great Rewiring of Childhood Is Causing an Epidemic of Mental Illness, New York, 2024, 293. [Dt.: »Die große Umgestaltung der Kindheit, weg vom Spielen hin zum Smartphone, ist katastrophal gescheitert.« AJ]
23   Vgl. Haidt, Anxious Generation, 119.
24   Haidt, Anxious Generation, 119. [Dt.: »die große Umstellung und der Beginn der telefonbasierten Kindheit den Tag eines Kindes im Vergleich zum Leben vor dem Smartphone im Durchschnitt um zwei bis drei Stunden *zusätzlicher* Bildschirmaktivitäten erweitert haben.« AJ].
25   Haidt, Anxious Generation, 126. [Dt.: »Wenn man alles zusammenzählt, beläuft sich die durchschnittliche Anzahl der Benachrichtigungen auf den Telefonen junger Menschen von den wichtigsten Sozial- und Kommunikations-Apps auf 192 Benachrichtigungen pro Tag, so

Andrew Root ermutigt uns, zu versuchen, die Krise richtig zu verstehen: Vielleicht gehen junge Menschen nicht in die Kirche, weil sie zu beschäftigt oder zu sehr mit anderen Dingen abgelenkt sind. Vielleicht entscheiden sie sich für ein Leben ohne Kirchenzugehörigkeit, weil die christlichen Gemeinschaften ihnen nicht den Ort der Verwurzelung bieten, den sie so dringend brauchen.

Das stärkste Argument, das Jonathan Haidt im Zusammenhang mit der zunehmenden Nutzung von Mobiltelefonen durch Kinder anführt, ist das Gefühl der Wurzellosigkeit, das junge Menschen erleben. Und das ist kein neues Phänomen! In seinem Abschnitt *Technologie, Freiheit und Bedeutungslosigkeit* verweist Haidt auf die Arbeit des französischen Soziologen Emile Durkheim aus dem frühen 20. Jahrhundert. Durkheim, der die Entstehung und die sozialen Ursachen von Selbstmord untersuchte, stellte den Begriff der *Anomie* in den Mittelpunkt seiner Arbeit. *Anomie* ist ein Gefühl der Normlosigkeit, das es einer Person nicht erlaubt, Wurzeln zu schlagen.[26] Haidt verweist auf Durkheims Erkenntnisse, wonach in der Moderne mit ihren raschen und verwirrenden Veränderungen das Gefühl, dass die soziale Ordnung schwächer wird oder sich auflöst, ein Gefühl der Verlorenheit oder Angst hervorruft. Haidt ist der Ansicht, dass dies genau das ist, was mit den heutigen jungen Erwachsenen geschieht. Die Angehörigen der Generation Z sind mit ihrem vom Telefon geprägten Leben nicht in der Lage, Wurzeln in realen Gemeinschaften zu schlagen, die ein Jahr später noch da sein werden.

Steven Argue und sein Forscherteam vom Fuller Youth Institute befassen sich mit den Faktoren, die die heutige Generation junger Erwachsener beeinflussen. In seinem Buch *Young Adult Ministry Now*[27] befasst sich Argue mit den Faktoren des Übergangs, die junge Erwachsene in dieser Lebensphase durchlaufen und die zu dem führen, was Haidt als Wurzellosigkeit bezeichnete. Argue verweist auf sieben Faktoren des Übergangs, die sich auf diese Lebensphase auswirken. Diese sind: Identität, Beziehungen, Beruf, Spiritualität und Religion, Verantwortung, Wohlbefinden und geografische oder institutionelle Übergänge.[28] Im Zusammenhang mit diesen Übergängen hat Argue einige wichtige Statistiken[29] für diese Altersgruppe zusammengestellt:

- 82 % erleben ein Zerwürfnis mit einem guten Freund
- 80 % haben die Pläne für ein Familienmitglied geändert
- 78 % erleben eine psychische Belastung
- 84 % haben eine neue Arbeitsstelle gefunden
- 88 % erleben eine sinnvolle Verbindung zu Gott.

---

eine Studie. Der durchschnittliche Teenager, der nur noch sieben Stunden Schlaf pro Nacht bekommt, erhält also etwa elf Benachrichtigungen pro wacher Stunde, also eine alle fünf Minuten.« AJ].
26 Vgl. Haidt, Anxious Generation, 194.
27 Vgl. Argue, Steven, Young Adult Ministry Now. A Growing Young Guide, Pasadena 2022.
28 Dies geht aus einem Paper hervor, das Argue auf der IASYM International Conference in Manchester im Januar 2024 präsentierte. Vgl. Argue, Steven, Conference paper IASYM international conference, Manchester, January 2024, 16.
29 Für diese Untersuchung hatten Argue und sein Team 1.044 Teilnehmer im Alter von 23–29 Jahren befragt.

Argue stellt fest, dass »complicated and protracted transitions are normative and necessary as they seek to harmonize their identities, negotiate new and existing relationships, and refine their purpose in life.«[30] Und in der Zeit der Übergänge, die junge Erwachsene erleben, verweist Argue auf die Sehnsucht nach Identität, Zugehörigkeit und Sinn, die diese Lebensphase prägen. Er verweist auf die Arbeit von Nancy Tatom Ammerman, die die Kirche dazu ermutigt, ihren Fokus auf Intentionalität mit jungen Erwachsenen zu verlagern. Anstatt zu fragen, warum junge Erwachsene aus der Kirche austreten, sollten wir vielmehr unseren Schwerpunkt verlagern. Er erklärt: »Thus, common questions like, ›Why are emerging adults leaving the church?‹, which assumes the church as the focal point, must give way to ›Where are emerging adults going and for what are they searching?‹, which centers those whom churches seek to serve – emerging adults.«[31]

The View of an *Ausländerin:* Ein autobiografisches Fazit

Obwohl die Angst der Deutschen in Bezug auf die rückgehenden Kirchenmitgliedschaften, die Beteiligung junger Menschen am kirchlichen Leben und die allgemeine Zukunft der christlichen Kirche in Europa zunimmt, glaube ich, dass es Lichtblicke gibt, die denjenigen, die in der Kirche und/oder mit jungen Menschen und dem christlichen Glauben arbeiten, Hoffnung geben könnten. Meine Hoffnung rührt von den Rahmenbedingungen und den traditionellen Formen der Erziehung junger Menschen her, die meiner Meinung nach, wenn sie kreativ angepasst werden, eine neue Chance der christlich-prophetischen Arbeit mit jungen Erwachsenen in Deutschland und in anderen europäischen Ländern darstellen könnten.

Root spricht über Dankbarkeit, Begabung und Stille als Dienst der Kirche im 21. Jahrhundert. Ich glaube, dass Gott den Menschen in Deutschland vier grundsätzliche Begabungen gegeben hat, die, wenn sie als Potenzial erkannt werden, die Chance bieten, die christliche Jugendarbeit zu erneuern. Root sagt: »Faith is the gift to trust that the narrative shape of Jesus's death and resurrection is the constitution of reality... Faith is not knowing, or even committing to, information or religious participation but is rather experiencing the very narrative shape of your life through the *experience* of cross and resurrection.«[32]

---

30 Argue, Conference paper, 11. [Dt.: »komplizierte und langwierige Übergänge normal und notwendig sind, da sie versuchen, ihre Identität zu harmonisieren, neue und bestehende Beziehungen zu meistern und ihren Lebenszweck zu bestimmen.« AJ].

31 Argue, Conference paper, 5. [Dt.: »Daher müssen gängige Fragen wie ›Warum verlassen junge Erwachsene die Kirche?‹, die die Kirche als Mittelpunkt betrachten, Fragen wie ›Wohin gehen junge Erwachsene und wonach suchen sie?‹ weichen, die diejenigen in den Mittelpunkt stellen, denen die Kirchen dienen wollen – junge Erwachsene.« AJ].

32 Root, Faith Formation in the Secular Age. Responding to the Church's Obsession with Youthfulness, Grand Rapids 2017, 145. [Dt.: »Glaube ist die Gabe, darauf zu vertrauen, dass die Erzählung vom Tod und der Auferstehung Jesu die Wirklichkeit konstituieren... Glaube bedeutet nicht, theologisches Wissen zu haben oder zu religiöser Teilhabe verpflichtet zu

Als Rahmen für meine Argumentation möchte ich Ihnen die »Schweigespirale« vorstellen, die von der deutschen Politikwissenschaftlerin Elisabeth Noelle-Neumann vorgeschlagen wurde. Noelle-Neumann »believed that every individual has an inherent desire to blend into a group and to avoid social isolation at all costs.«[33]. Sie drückt es noch direkter aus: »If an individual's view of the world is in line with the one they hear being discussed, they will join in boldly. However, if one perceives that their opinion is not held in high regard by their community, then they will become willfully silent.«[34] Ich behaupte, dass es bestimmte deutsche Traditionen und Grundlagen gibt, die es möglich machen, dass die christliche Arbeit an und mit jungen Erwachsenen im 21. Jahrhundert gedeihen kann, wenn die Menschen nur mutig genug sind, die Möglichkeiten, die in ihnen liegen, zu nutzen.

Es gibt vier deutsche Traditionen, die für Jugendliche in Deutschland nach wie vor grundlegend sind: die gemeinschaftliche Entscheidung als Nation, über junge Menschen zu wachen (ob sie nun die eigenen sind oder nicht), die Förderung von Austauschjahren während der Sekundarstufe, die Förderung von Entdeckungstouren (z. B. Zugang zu Wanderwegen und Jugendherbergen) und die starken Übergangsriten, die in der deutschen Kirchenkultur nach wie vor bestehen, wie Taufe und Konfirmation. Ich bin davon überzeugt, dass diese grundlegenden Elemente der deutschen Kultur, wenn sie mit Gebet und Kreativität erkundet werden, zu einem neuen Ausdruck des Christentums führen können, den junge Menschen in Deutschland erleben. Ich werde sie nacheinander kurz skizzieren:

Gemeinschaftliche Unterstützung: Nachdem mein Mann und ich 2014 mit kleinen Kindern nach Deutschland gezogen waren, erlebten wir das allgemeine Gefühl der Sicherheit von Kindern, als der Kollege meines Mannes vorschlug, dass es möglich wäre, dass unser Sohn und unsere Tochter allein mit öffentlichen Verkehrsmitteln zur Schule und zurück fahren könnten. Die Straßenbahn war zwar günstig gelegen und wurde von uns als Familie genutzt, aber unsere Kinder waren vier und acht Jahre alt, als wir in Deutschland ankamen, und wir bevorzugten es, mit ihnen zur Schule und zurück zu gehen. Die Logik des Mitarbeiters meines Mannes spiegelte den Ansatz der deutschen Gesellschaft wider: Die Allgemeinheit achtet auf die Sicherheit von Schulkindern und Jugendlichen in den Innenstädten oder auf dem Weg zur Schule und zurück. Dies steht im Gegensatz zu dem allgemeinen Gefühl der Eltern in den Vereinigten Staaten, die ihre Kinder übermäßig beschützen und sie deshalb überall hinbringen, wo sie hingehen müssen. Jonathan Haidt verweist auf die Arbeit der Entwicklungspsychologin Alison Gopnik, die feststellt, dass das Wort »Elternsein« [engl.

---

sein, sondern vielmehr, die eigene Lebensgeschichte als durch die Erfahrung von Kreuz und Auferstehung geformt zu erleben.« AJ].

33 Elisabeth Noelle-Neumann, zitiert bei: Burge, The Nones, 47. [Dt.: »glaubte, dass jeder Mensch den angeborenen Wunsch hat, sich in eine Gruppe zu integrieren und soziale Isolation um jeden Preis zu vermeiden.« AJ].

34 Elisabeth Noelle-Neumann, zitiert bei: Burge, The Nones, 47. [Dt.: »Wenn die Weltanschauung einer Person mit der übereinstimmt, die sie in Diskussionen hört, wird sie sich mutig daran beteiligen. Wenn sie jedoch den Eindruck hat, dass ihre Meinung von ihrer Gemeinschaft nicht hoch geschätzt wird, wird sie sich bewusst zurückhalten.« AJ].

parenting] im Grunde genommen bis in die 1950er Jahre nicht verwendet wurde und erst in den 1970er Jahren populär wurde. Er stellt fest: »For nearly all of human history, people grew up in environments where they observed many people caring for many children.«[35] Für mich ist der gemeinschaftliche Ansatz zur Erziehung und Betreuung junger Menschen nach wie vor ein Ideal für Gemeinden in ganz Deutschland und hat das Potenzial, die christliche Leitung zu entlasten. Man könnte sagen, dass in den Vereinigten Staaten die Last für eine gute Erziehung unserer jungen Erwachsenen auf den Schultern professioneller Jugendleiter (oder bestenfalls des Pastoralteams) liegt. Dieses Modell scheint nicht auszureichen, um die nächste Generation von Gläubigen zu einem lebenslangen Glauben zu führen. In Deutschland jedoch, mit der Grundlage einer gemeinschaftlichen Betreuung von Kindern und jungen Erwachsenen, liegt die Erziehung zum Glauben auf den Schultern aller, nicht nur auf denen der Profis.

Ermutigung zum Austausch: Deutschland liegt im Herzen Europas, mit Traditionen aus Ost und West. Es ist auch ein international engagiertes Land, vor allem durch seine vielen wirtschaftlichen Interessen. Es war einer der ersten Befürworter des vereinten Europas. Wie wir während unseres Aufenthalts in Deutschland erfahren haben, lieben die Deutschen auch das Reisen (und noch mehr das Planen dieser Reisen!). Jugendliche zu ermutigen, sich diese Interessen selbst zu erschließen, könnte sich nach Haidts Ansicht als sehr nützlich erweisen. Er merkt an, dass Austauschprogramme für die Sekundarstufe »have a long history... people realized this experience would broaden a kid's world. It can also be easier for a kid to listen to someone other than Mom or Dad.«[36] Vielleicht noch wichtiger, so argumentiert Haidt, ist, dass Jugendliche durch Austauschprogramme »are improving their chances of finding a path they want to pursue, and they are improving their competence at following any path.«[37]

Übergangsrituale: Auch als wir in Hannover eine englischsprachige Gemeinde gründeten, blieben wir dem Besuch einer deutschsprachigen Gemeinde treu. In den Vereinigten Staaten scheinen die Gottesdienste mit den meisten Besuchern um zwei der wichtigsten Tage des christlichen Kalenders herum stattzufinden: Ostern und Weihnachten. In Deutschland waren wir überrascht, dass mehr Menschen den jährlichen Konfirmationsgottesdienst besuchten – die Kirchenbänke waren überfüllt und oft mussten zusätzliche Gottesdienste abgehalten werden, um der Nachfrage gerecht zu werden. Auch bei den Taufen war immer ein deutlicher Anstieg der Besucherzahlen zu verzeichnen. In beiden Fällen wurden viele der Anwesenden leider nie wieder gesehen. Beide Riten sind jedoch nach wie vor von großer Bedeutung für die Entwicklung der jungen Menschen und ihrer Eltern und Familien. Insbesondere die Kon-

---

35 Haidt, Anxious Generation, 267. [Dt.:«Fast die gesamte Menschheitsgeschichte hindurch wuchsen die Menschen in einem Umfeld auf, in dem sie viele Menschen beobachteten, die sich um viele Kinder kümmerten.« AJ].
36 Haidt, Anxious Generation, 283. [Dt.:«eine lange Geschichte haben... die Menschen haben erkannt, dass diese Erfahrung die Welt eines Kindes erweitert. Es kann auch einfacher für ein Kind sein, auf jemand anderen als Mama oder Papa zu hören.« AJ].
37 Haidt, Anxious Generation, 284. [Dt.:«ihre Chancen verbessern, einen Weg zu finden, den sie verfolgen wollen, und sie verbessern ihre Kompetenz, irgendeinen Weg zu gehen.« AJ].

firmation könnte effektiver genutzt werden, um mehr als nur ein einmaliger Übergangsritus zu sein, sondern um nicht nur die Konfirmanden langfristig in die Kirche einzuladen, sondern auch ihre Familien wieder in das Gemeindeleben einzubeziehen.

In ganz Europa, mit Ausnahme der Niederlande, gibt es in allen untersuchten Ländern weiterhin eine christliche Mehrheit.[38] Was wäre, wenn die Kirchenleiter die »nicht praktizierenden Christen« als ein potenzielles Gebiet für Wachstum und Wiederanschluss betrachten würden? Was wäre, wenn diese »nicht praktizierenden Christen« als die verlorenen Schafe aus dem Gleichnis Jesu betrachtet würden? Wie könnten Kirchenleiter kreative Mittel und Wege finden, um diese verlorenen Schafe zunächst zu finden und dann in die Herde zurückzuführen?

Fazit

Wie ich in diesem Kapitel gezeigt habe, gibt es Ähnlichkeiten in Kultur, Gesellschaft und Christentum, die sich in Deutschland, den Vereinigten Staaten und vielleicht in der gesamten westlichen Gesellschaft widerspiegeln. Es gibt Fragen wegen des Rückgangs der Kirchenbeteiligung in den großen Konfessionen und dem Anstieg der »Nones«. Die zunehmenden psychischen Probleme bei jungen Erwachsenen und einer wachsenden Zahl von Menschen mit Angstzuständen und Depressionen sind besorgniserregend. Auch die Nutzung von Mobiltelefonen durch junge Menschen, die mit der Zunahme von psychischen Problemen in Verbindung gebracht werden, wirft Fragen auf. Obwohl es in vielen Bereichen Ähnlichkeiten zwischen Deutschland und den Vereinigten Staaten gibt, bin ich nach einem Jahrzehnt als Ausländerin in Deutschland davon überzeugt, dass es in Deutschland grundlegende Elemente gibt, die eine Arbeit an und mit jungen Erwachsenen ermöglichen und einen gedeihenden Dienst fördern – wenn man diese nur mit einem Sinn für Kreativität und Gebet angeht! Andrew Root erinnert uns daran, dass Gott derjenige ist, der in der Welt spricht und handelt – es ist unsere Aufgabe, den Menschen zu helfen, das Wort Gottes zu hören. Die Kirche und andere christliche Organisationen können Orte sein, an denen Gott in der Welt spricht und handelt – das Zeugnis über transformierte Lebensgeschichten hat Kraft!

Andrew Root fordert uns in seinem ersten Beitrag dazu auf, nach Gottes Reden und Handeln in unserer Welt Ausschau zu halten. Er sagte in seinem Vortrag: »The *only* thing the church offers the world is ministry! And this *only thing*, as we've seen, is *everything*. It is the very location of Jesus Christ; it is the energy to turn death into life and make us new beings who have our being and action in and through ministry.«[39]

---

38 Pew Research Center [Hg.], Being Christian, 7.
39 Vgl. den ersten Vortrag von Andrew Root auf dieser Konferenz. [»Das *einzige*, was die Kirche der Welt bietet, ist der Dienst [engl. ministry]! Und diese *einzige Sache* ist, wie wir gesehen haben, *alles*. Es ist der Ort, an dem sich Jesus Christus befindet; es ist die Macht, die den Tod in Leben verwandelt und uns zu neuen Wesen macht, die ihr Sein und Handeln in und durch den Dienst haben.«, AJ].

Auch wenn uns gesellschaftliche und kulturelle Probleme zur Verzweiflung bringen könnten, glaube ich, dass das Christentum in Deutschland durch kreative Anpassung seiner starken Grundelemente gedeihen wird.

Literatur
Active Minds [Hg.], Statistics, https://www.activeminds.org/about-mental-health/statistics, [2023-07-22].
Argue, Steven, Conference paper IASYM international conference, Manchester, January 2024.
Argue, Steven, Young Adult Ministry Now. A Growing Young Guide, Pasadena 2022.
Brühart, Marius u. a., Young people's mental and social distress in times of international crisis. Evidence from helpline calls, 2019–2022, https://www.nature.com/articles/s41598-023-39064-y, [2023-07-22].
Burge, Ryan P., The Nones. Where They Came From, Who They Are, and Where They are Going, Minneapolis 2021.
Haidt, Jonathan, The Anxious Generation. How the Great Rewiring of Childhood Is Causing an Epidemic of Mental Illness, New York 2024.
Jones, Jeffrey M., Church Attendance Has Declined in Most U.S. Religious Groups, https://news.gallup.com/poll/642548/church-attendance-declined-religious-groups.aspx, [2024-03-25].
Luxmore, Jonathan, Membership Falling in German Churches, https://www.churchtimes.co.uk/articles/2023/14-july/news/world/membership-falling-in-german-churches, [2023-07-14].
Pew Research Center [Hg.], Being Christian in Western Europe, https://www.pewresearch.org/religion/2018/05/29/being-christian-in-western-europe, [2018-05-29].
Pew Research Center [Hg.], In U.S., Decline of Christianity Continues at Rapid Pace: An update on America's changing religious landscape, https://www.pewresearch.org/religion/2019/10/17/in-u-s-decline-of-christianity-continues-at-rapid-pace, 2019 [2019-10-17].
Public Religion Research Institute [Hg.], 2020 PRRI Census of American Religion. County-Level Data on Religious Identity and Diversity, https://www.prri.org/research/2020-census-of-american-religion, [2021-08-07].
Root, Andrew, Faith Formation in the Secular Age. Responding to the Church's Obsession with Youthfulness, Grand Rapids 2017.
Stole, Bryn, Glue-ten Tag! Behind the scenes with Germany's reviled ›climate-gluer‹ activists, https://slate.com/news-and-politics/2023/02/letzte-generation-last-generation-germany-climate-gluers.html, [2023-02-03].
Toscer-Ango, Sylvie, German churches no longer provide individuals with resources to make sense of their lives, https://www.lemonde.fr/en/opinion/article/2023/05/08/german-churches-no-longer-provide-individuals-with-resources-to-make-sense-of-their-lives_6025846_23.html, [2023-05-08].
TUI Stiftung (Hg.), Jugendstudie 2024, https://www.tui-stiftung.de/unsere-projekte/junges-europa-die-jugendstudie-der-tui-stiftung/jugendstudie-2024/ [2024].
World Health Organization [Hg.], Mental health of adolescents, https://www.who.int/news-room/fact-sheets/detail/adolescent-mental-health, [2024-10-10].

Jugendarbeit als Aufgabe, von Gott zu sprechen
Herausforderungen durch den immanenten Rahmen des Säkularen Zeitalters

Andrew Root

Im ersten Beitrag habe ich mit einer Warum-Frage begonnen, was ich in diesem Kapitel wieder tun werde. Die Warum-Frage lautet nun: »Warum ist Jugendarbeit gerade so schwer?« Ich werde die Frage auch ohne weitere Umschweife beantworten: Der Grund warum Jugendarbeit heute so schwer ist, ist die *Säkularisierung*. Das ist die Antwort. Also, vielen Dank für die Aufmerksamkeit. Das war es. Ganz so einfach ist es natürlich nicht. Das Problem ist, dass *Säkularisierung* ein sehr komplizierter Begriff ist. Es ist schwer zu sagen, was wir eigentlich meinen, wenn wir dieses Wort benutzen. Ich glaube, dass es hier um eine Menge geht, denn, wenn wir Säkularisierung falsch definieren, dann könnte uns das in einige Probleme in unserem Pastoraldienst führen. Ziel dieses Kapitels ist es also, dieses Wort ein wenig zu entfalten, um zu verstehen, was wir meinen, wenn wir vom Säkularen sprechen.

Um uns dem zu nähern, müssen wir uns auf eine kleine Zeitreise begeben. Das Folgende sollte aber nicht nur als historische Erzählung betrachtet werden, sondern als Nachdenken darüber, wie die Säkularisierung unsere Vorstellung von der Welt und von Gottes Rolle mit ihr verändert. Es ist notwendig, sich in eine andere Zeit hineinzuversetzen. Da wir keine Zeitmaschine haben, müssen wir unsere Vorstellungskraft gebrauchen.

Eine »null säkulare Zeit«

Wenn wir uns das Pariser Stadtviertel ›Quartier Latin‹ vor etwa 600 Jahren vorstellen, dann ist dies ein exotischer Ort. Wir würden eine Gesellschaft vorfinden, in der es das Säkulare nicht gibt.[1] So etwas wie Säkularisierung gab es einfach nicht. Natürlich waren die Menschen nicht einfach ignorant. Sie wussten, dass es einen deutlichen Unterschied zwischen dem Heiligen und dem Profanen gab. Sie wussten, dass es etwas Heiliges war, wenn der Priester in der Kathedrale das Abendmahl austeilte. Dass sie auf ihrem Bauernhof mit ihren Schaufeln und Harken dem Profanen angehörten, war ihnen ebenfalls bewusst. Profan war dabei keinesfalls etwas Schlechtes. Es bedeutete einfach nur: Nicht für heilige Handlungen genutzt. Alle wussten das. Trotzdem passten all diese Dinge gut zusammen. Es wäre sehr schwer gewesen in dieser *null*

---

1 Vgl. Root, Andrew, Faith Formation in a Secular Age, Grand Rapids 2017, 103f.

säkularen [engl.: *secular zero*] Zeit zu leben und nicht zu glauben. Es war beinahe unmöglich, atheistisch zu sein. Dafür gab es noch nicht einmal einen Begriff.

In Venedig gibt es eine Statue und wenn ich Menschen ein Bild davon zeige, frage ich immer, ob irgendwer diese Statue kennt. Ich bin noch niemals jemandem begegnet, der gewusst hätte, wen diese Staute darstellt. Das liegt vermutlich daran, dass man wohl ein völliger Statuen-Nerd sein müsste, um zu wissen, wer das ist. Es handelt sich um eine Statue in einiger Entfernung zum Canale Grande. Es ist die Statue eines Mannes namens Paolo Sarpi, der dafür bekannt ist, ein guter Freund Galileos gewesen zu sein. Er war derjenige, der Galileo dazu ermutigte, sein Buch zu veröffentlichen – jenes Buch, das ihm einen Konflikt mit der katholischen Kirche einbringen sollte. Wenn du heute nach Venedig reist, dann kannst du diese Statue sehen und unter ihr ein bronzenes Schild. Darauf steht Folgendes: Paolo Sarpi, Geburtsdatum, Sterbedatum, und dann auf Italienisch: »Paolo Sarpi, der einzige Ungläubige seiner Generation.«

Ist das nicht beeindruckend? Wir sprechen über das frühe 16. Jahrhundert. Ich hätte auch ins 14. Jahrhundert zurückgehen können, aber selbst Anfang des 16. Jahrhunderts bekommt man eine Statue, wenn man als Ungläubiger stirbt. Ich weiß ja nicht, ob das stimmt, aber wenn ich mir vorstelle, dass es in Stuttgart Statuen für alle gäbe, die nicht gläubig sind, dann würde es wohl ziemlich eng werden. Da wären eine ganze Menge Statuen. In einer *null säkularisierten* Welt hingegen, war es annähernd unmöglich, nicht zu glauben. Sicher gab es einige wenige Menschen, die es geschafft haben, nicht zu glauben, doch es dürfte ziemlich schwierig gewesen sein. Der Glaube war einfach überall! Er war die Luft, die man atmete. Er war in der Sprache und in der Art und Weise wie man sich kleidete. Ich kann mir nicht einmal vorstellen, wie es wäre, in einer solchen Zeit zu leben oder als postmoderner Mensch, wie wir alle es heute sind, in diese Zeit zurückzugehen.

Es gibt ein Gedankenexperiment, das es wagt, sich vorzustellen, wie es wäre, als postmoderner Mensch plötzlich in einer nicht säkularisierten Zeit zu leben. Es ist eine dystopische Serie, die auf dem kanadischen Roman *The Handmaid's Tale* von Margaret Atwood basiert.[2] Wenn du also The Handmaid's Tale nicht kennst und du heute Nacht nicht mehr schlafen willst, dann schaue dir einfach die erste Staffel der Serie an.[3] Es wird dich schockieren! In dieser Dystopie ist Amerika gefallen, es existiert nicht mehr und eine rechtsextreme Gruppe hat die Macht übernommen und das Gebiet *Gilead* genannt. Diese neue Regierung hat eine *null säkularisierte* Zeit wieder eingeführt. Wie du dich kleidest, spiegelt deine Stellung vor Gott. Die Art und Weise, wie du sprichst, ist eine Wiederholung der Liturgie. Das ist eine der besonders verstörenden Sachen. Die Frauen treffen sich im Supermarkt und müssen eine Art Liturgie aufsagen, sonst werden sie dafür bestraft. Sie müssen »unter seinen Augen« oder »möge

---

2   Atwood, Margaret, The Handmaid's Tale, Toronto 1985. [Die deutsche Übersetzung ist unter dem Titel »Der Report der Magd« erschienen. AJ].

3   Miller, Bruce, The Handmaid's Tale, Hulu 2017. [Die Deutsche Synchronisierung wurde ebenfalls 2017 unter dem Titel »The Handmaid's Tale – Der Report der Magd« veröffentlicht. AJ].

der Herr öffnen« sagen. Und es ist fast unmöglich, in dieser Gesellschaft zu leben und nicht von diesem Glaubenssystem umhüllt zu sein. Nun, wie schon gesagt, Amerika existiert in der Geschichte nicht mehr. Genau genommen – wer das Buch kennt, weiß es – existiert Amerika schon noch, aber nur als kleine Enklave in Toronto.

Ich habe mit verschiedensten Führungspersonen evangelischer Kirchen überall auf der Welt gesprochen und sie alle sind besorgt, wenn sie sehen, dass viele junge Menschen aus Kirchen und Gemeinden austreten, aber keiner von ihnen hat jemals zu mir gesagt: »Weißt du, was wir in unserer Gegend zu etablieren versuchen? The Handmade's Tale. Das ist es, was wir wollen.« Niemand will das! Es ist ein absoluter Albtraum, sich als postmoderner Mensch vorzustellen, in einer *null säkularen Zeit* leben zu müssen. Margaret Atwood nutzt es sogar als Stoff für eine Dystopie. Der Grund, warum sie es sich so schrecklich vorstellt, ist, dass man drei Dinge haben muss, um in einer *null säkularen* Welt zu leben, die wir meiner Meinung nach nicht haben und vielleicht auch froh sind, dass wir sie nicht haben.

Die drei Dinge, die man haben muss, um in einer null säkularisierten Welt zu leben, sind: Man muss ein tiefes Gefühl dafür haben, dass die Welt ein verwunschener Ort ist, dass überall Teufel und Dämonen am Werk sind und, dass es überall auf der Welt noch Magie gibt. Dieses tiefe Gefühl muss man haben. Das führt dann dazu, dass man annimmt, dass Dinge, die man anfassen und fühlen kann, entweder von einer göttlichen oder einer bösen Kraft durchdrungen sein können. Wenn du nun in die Nähe dieser Dinge kommst, ob sie nun heilig oder böse sind, können sie in dich eindringen. Du selbst bist porös genug, dass diese Dinge auf dich ausstrahlen und sich auf die Essenz deines Wesens auswirken können.

Der Oxforder Historiker Keith Thomas hat das großartige Buch *Religion and the Decline of Magic*[4] geschrieben. Er erzählt darin die faszinierende Geschichte, wie es im 13. Jahrhundert eine große Kontroverse innerhalb der englischen Kirche gab. Man hatte gemerkt, wie die Menschen in die Kathedrale kamen, um am Abendmahl teilzunehmen. Die Hostie wurde den Menschen auf die Zunge gelegt und sie behielten diese im Mund und verließen die Kathedrale, ohne sie zu schlucken. Dann gingen sie heim, nahmen die Hostie aus ihrem Mund und warfen sie auf ihren Acker oder verfütterten sie an ihr krankes Schwein. Nicht weil sie die Hostie entehren wollten, sondern weil sie ihr den höchsten Wert zusprachen. Sie glaubten, dass in der Hostie Jesus Christus selbst gegenwärtig war. Und wenn man sich eine bessere Ernte erhoffte, um zu überleben – warum nicht ein wenig von seiner Gegenwart auf den Acker streuen? Wenn das Schwein überleben musste, um die eigenen Kinder durchzubekommen – warum nicht die Hostie verfüttern?[5]

Man kann sich vorstellen, dass die Kardinäle, Bischöfe und Priester diese Entwicklung sehr besorgt beobachteten. Sie trafen sich also zu einer Konferenz: »Kommt, lasst uns anderthalb Tage miteinander über das Thema ›Wie bekommen wir die Leute

---

4 Thomas, Keith, Religion and the Decline of Magic. Studies in Popular Beliefs in Sixteenth and Seventeenth-Century England, London 1991.
5 Vgl. Root, Andrew, The Pastor in a Secular Age. Ministry to People Who No Longer Need a God, Grand Rapids 2019, 21f und 34–37.

dazu, die Hostie zu schlucken?‹ diskutieren.« Daraufhin alle: »Ja! Ich werde meilenweit laufen, um dabei zu sein. Das hört sich wichtig an!« Sie waren echt überzeugt, dass das ein brandheißes Thema war. Also versammelten sie sich und ein Genie unter ihnen hatte eine Idee. Er hob seine Hand, wurde aufgerufen und sagte: »Warum lassen wir die Leute nicht ihre Zunge rausstrecken, um zu zeigen, dass sie die Hostie geschluckt haben?«

Vielleicht hast du schon mal einen dieser amerikanischen Gangster-Filme geschaut. Da gibt es immer solche Szenen, die eine Montage von Morden und gleichzeitig einer Erstkommunion zeigen. Der Mafia-Boss, der seine Feinde umbringen lässt, aber sagt: »Ich kann es nicht gewesen sein, ich habe ein Alibi. Ich war bei der Erstkommunion meiner Tochter.« Die Szene spielt mit der Metapher des vergossenen Blutes. Man sieht, wie der Mafia-Boss mit den Händen hinter dem Rücken nach vorne geht und den Mund öffnet. Der Priester legt ihm eine Hostie auf die Zunge. Anschließend streckt er, wie ein Vierjähriger mit geschwollener Zunge beim Arzt, dem Priester seine Zunge heraus und zeigt, dass er die Hostie geschluckt hat. Diese Szenen gehen zurück auf eben diese Diskussion der katholischen Kirche im 13. Jahrhundert.

Ich habe einen 19-jährigen Sohn. Er ist ein wundervolles Kind. Aber als er zwischen 12 und 17 Jahren alt war, war er die Art von Kind, die über alles diskutierte. Selbst wenn ich etwas sagte wie, »der Himmel ist blau«, hielt er dagegen und schaute mich dabei an, als wäre ich die dümmste Person auf Erden. Er hat einfach immer eine Gegenposition eingenommen. Wundervoller Junge, aber egal was ich sagte, er war dagegen. Unsere Gemeinde, deren Pastorin meine Frau ist, ist eine eher kleine Stadtkirche mit vielleicht 60 bis 70 Gottesdienstbesuchenden. Wenn wir Abendmahl feiern, dann tun wir das in einem Kreis. Es ist ein besonderer Moment, wenn alle im Kreis stehen, die Einsetzungsworte gesprochen werden und dann der Brotkorb und der Kelch von einem zum nächsten weitergegeben werden. Man dreht sich zu der Person neben sich, schaut ihr in die Augen und gibt ihr Brot und Wein. Einfach ein schöner Moment. An diesem einen Sonntag, mein Sohn ist etwa 13 Jahre alt, steht er neben mir im Kreis. Als der Brotkorb so langsam die Runde macht, lehnt er sich zu mir rüber und flüstert so laut, dass es alle hören können: »Hey, ist das Brot glutenfrei?« Ich weiß sofort, dass das ein Problem ist, weil dieses Kind alles hasst, was glutenfrei ist. Er hat eine erstaunliche moralische Ablehnung gegen glutenfreie Dinge. Er findet es einfach widerlich, wahrscheinlich, weil seine Mutter glutenfrei isst. Ich weiß sofort, dass das ein Problem ist, also schaue ich ihn nicht einmal an, als ich vorsichtig nicke und flüstere »Ja, es ist glutenfrei.« Dann passiert es. In einem noch lauteren Flüstern sagt er: »Alles klar. Dann bin ich raus.« Er dreht sich um und verlässt die Kirche.

Man erkennt, wie radikal verschieden unsere Vorstellungen vom Empfangen des Abendmahls im Vergleich zu Personen aus dem 13. oder 14. Jahrhundert sind. Diese hätten vor Angst gezittert, wenn sie auch nur darüber nachgedacht hätten, was passieren würde, wenn jemand wie mein 13-jähriger Sohn sagt: »Ich mag die Konsistenz glutenfreier Dinge nicht, es wird meine Mutter zwar verärgern, aber ich bin raus.« Es ist eine andere Art von Vorstellung, die sich hier abspielt.

Alle drei Punkte spielen hier wieder eine Rolle. Erstens lebt er nicht mit demselben Gespür dafür, das alles verzaubert ist. Er ist sich darüber hinaus nicht sicher, ob Dinge wirklich von göttlicher Macht durchdrungen sind. Und schließlich weiß er nicht, ob er selbst davon beeinflusst wird. In einer *null säkularisierten* Welt zu leben bedeutet, dass all diese Dinge eng zusammenhängen. Für uns jedoch lösen sie sich immer mehr auf. In einer *null säkularisierten* Zeit ist die Hauptaufgabe eines Pastors, den *Menschen Zugang zu verschaffen*. Raus aus dem möglicherweise Dämonischen und rein in das Heilige und Sakrale. Es ging um Zugang.

Das ist also der Hintergrund, vor dem die Säkularisierung beginnt.[6] Was auch immer wir als säkular bezeichnen, es kommt vor diesem Hintergrund auf.

Säkularität 1: Öffentliches und Privates

Die Säkularität kommt dann in ihrer ersten Form, der Säkularisierung 1[7] nach Taylor, in einer Zeit großer Veränderungen auf. Dieser Übergang äußert sich in der westlichen Welt darin, dass es nun das Gefühl einer Trennung zwischen dem ›Öffentlichen‹ und dem ›Privaten‹ gibt.

Uns allen wurde irgendwann einmal beigebracht, über was man redet und über was nicht. Eine Tante, deine Oma oder vielleicht dein Vater hat dir erklärt, dass es vier Themen gibt, über die man niemals bei einer Dinnerparty redet. Erstens: Man redet niemals über Geld. Es ist sehr unhöflich, jemanden, dem man zum ersten Mal begegnet, etwas zu sagen wie: »Hey, schön dich kennenzulernen. Wie viel Geld verdienst du?« Das wäre sehr unhöflich. Die zweite Sache, über die man nicht reden sollte, ist Politik. Es ist unhöflich über Politik zu reden. In meinem Heimatland ist Politik heute Unterhaltung, daher bin ich mir nicht mal sicher, ob wir überhaupt noch über irgendetwas anderes *außer* Politik reden. Aber zumindest früher wurde uns gelehrt, dass es sehr unangemessen ist, über Politik zu sprechen. Drittens wäre es absolut unhöflich und unangebracht, jemanden nach seinem Sexleben zu fragen. Das macht man einfach nicht. Und viertens wurde uns beigebracht, dass man niemals in der Öffentlichkeit oder mit Menschen, die man kaum kennt, über Religion sprechen sollte. Über Religion spricht man nicht. Es geht also um Geld, Politik, Sex und Religion. Über diese vier Themen sollte man nicht sprechen. Warum sollte man diese Themen in der Öffentlichkeit vermeiden? Die Idee dahinter ist, dass diese vier Dinge privat sind. Höfliche Menschen sollten in der Öffentlichkeit nicht über private Themen sprechen. Es ist eine große Veränderung des westlichen Denkens, dass der Glaube zu etwas Privatem wird. Ab dem Moment, in dem der Glaube Privatsache wird, begeben wir uns in eine frühe Form dessen, was man als Säkularisierung bezeichnen kann. Glaube wird zur Privatsache. Das ist eine einschneidende Veränderung. Anstatt Verzauberung, Durchdringung von göttlicher Kraft und einem porösen Selbst, zählt jetzt nur noch der *Wille*. Dieser gewinnt an großer Bedeutung. Es ist nicht völlig rational, aber Dinge sind nicht mehr so wichtig. Entscheidend ist, was irgendwo innen drin passiert, was du in deinem Kopf konstruierst.

---

6 Zur Säkularität 1, 2 und 3 nach Charles Taylor vgl. Root, Andrew / Bertrand, Blair, When Church Stops Working, Grand Rapids 2023, 9–12.
7 Vgl. Root, Faith Formation in a Secular Age, 104–106.

Um das etwas zu illustrieren, möchte ich euch von einem Videoclip erzählen. Es ist ein Ausschnitt aus einer amerikanischen Nachrichtensendung kurz vor der Pandemie. Sicherlich erinnerst du dich an den Tag, an dem die Nachrichten mit der Schlagzeile gefüllt waren, dass Notre Dame in Paris in Flammen steht. Eine amerikanische Nachrichtensendung berichtet also über Notre Dame und was der Brand für die Menschen bedeutet. Hierfür wurde die Dekanin der amerikanischen Episkopalkirche in Paris interviewt. Die Art und Weise, wie sie über die Bedeutung des Brandes spricht, zeigt uns ziemlich deutlich, was mit oben genanntem Übergang gemeint ist. Sie sagt: »Es hat uns alle dazu gebracht, dass wir uns nicht nur um das wunderschöne und historische Gebäude kümmern, sondern auch um das, wofür es steht: Paris, Frankreich, Europa, die Welt – Tradition, christlicher Glaube in seiner schönsten Form, christlicher Glaube, der Bestand hat.« Die Dekanin sagt weiter, wie dankbar sie sei, dass so viele der Reliquien überlebt haben: »Die Reliquien sind wichtig. Ob es wirklich Jesu Dornenkrone war oder nicht, wer weiß? Aber was wirklich entscheidend ist, ist doch, dass sie für Hunderte von Jahren ein Bezugspunkt des Glaubens und der Gebete vieler Menschen war.« Die Dinge selbst sind also nicht so wichtig, sondern das, wofür sie stehen, was sie für die Menschen bedeuten, der Glaube, den sie hervorrufen.

Dieses Interview unterstreicht meine Aussage gut. Der Besitz der angeblichen Dornenkrone Jesu war übrigens der Grund dafür, dass man diese Kirche erbauen ließ. Die Dekanin hinterfragt nun, ob es wirklich Jesu Dornenkrone war. In gewissem Sinne spielt es wohl keine Rolle mehr, sagt sie. Wichtig sei, dass es für die Menschen von Bedeutung war. Es hat die Menschen zum Beten gebracht. Es hat etwas Inneres in den Menschen bewirkt. Die Sache selbst, sagt sie, ist also nicht wirklich wichtig. Was zählt, ist das, was es in den Menschen auslöst.

Das ist eine gewaltige Veränderung, die wir hier beobachten. Was hier beginnt und sich vor allem nach der Reformation immer mächtiger vollzieht, legt die Messlatte des Glaubens keinesfalls niedriger. Sie wird sogar noch höher gelegt. Denn jetzt müssen plötzlich alle auf dem Level eines Priesters leben. Wir müssen uns jetzt alle damit auseinandersetzen, wie wir jede Sekunde unseres Tages vor Gott leben. Einer der größten amerikanischen Theologen des 17. Jahrhunderts war Jonathan Edwards. Er hielt drei Stunden lange Predigten, in denen er seine Gemeinde dazu aufforderte, jede Sekunde treu vor Gott zu leben.

Ich bin in einer konservativen lutherischen Gemeinde aufgewachsen und ich erinnere mich noch genau an diese eine Predigt. An diesem einen Sonntag predigte mein lutherischer Pfarrer jedenfalls eine Jonathan-Edwards-Predigt, was merkwürdig für einen Lutheraner war, aber er tat es trotzdem. Und ich erinnere mich genau an den Refrain der Predigt, den Satz, den er ständig wiederholte: »Wenn du Zeit verschwendest, dann bestiehlst du Gott.« Das ist ziemlich genau das, was ein Jonathan Edwards predigen würde. Ich erinnere mich, wie ich auf meiner Kirchenbank saß und mir der Satz immer wieder durch den Kopf ging. »Wenn du Zeit verschwendest, bestiehlst du Gott.« Ich konnte es nicht glauben. Dann sagte ich mir mit elf Jahren selbst: »Ich bin in der fünften Klasse. Ich bin seit fünf Jahren in der Schule.« Und dann dachte ich: »Ich hasse Schule. Ich hasse alles an der Schule. Und trotzdem bin ich jeden Tag von 8 Uhr bis 15:30 Uhr dort. Diese ganzen fünf Jahre habe ich nichts gemacht, außer meine Fähigkeiten im Zeitverschwenden zu verbessern. Ich habe fünf Jahre damit verbracht, ein absoluter Meister im Zeitverschwenden zu werden: Briefchen schreiben, heimlich Magazine lesen, tagträumen. Besonders im Tagträumen war ich sehr routiniert!« Ich konnte es einfach nicht glauben. Das war die einzige Jonathan-Edwards-Predigt, die er jemals gehalten hat, es kam nie wieder eine. Aber in dieser Predigt liegt dieses Gespür, dass wir unser Herz jede Sekunde an jedem Tag ganz Gott zuwenden müssen.

Als diese Realität anbrach, kam auch die Zeit der modernen Denominationen. Vor allem in Amerika ist das eine entscheidende Realität. Die modernen Denominationen existieren in der Kluft zwischen Öffentlichem und Privatem. Und zumindest in Amerika weiß eigentlich jede Denomination – wie die Presbyterianer, die Lutheraner und die Methodisten –, dass sie nur noch für eine weitere Generation existieren kann. Ich meine damit nicht, dass sie nur noch für eine weitere Generation bestehen *werden*, sondern dass sie wissen: Wenn die nächste Generation sich entscheidet, ihr Leben anders zu leben und sich nicht als Methodisten, Presbyterianer oder Lutheraner zu identifizieren, wird es keine methodistische, presbyterianische oder lutherische Kirche mehr geben. Es wird keine reformatorischen Kirchen mehr geben, wenn sich die nächste Generation nicht dafür entscheidet, sich in sie zu investieren. Das ist der Grund, warum viele amerikanische Denominationen in regelmäßigen Abständen große Jugendtreffen veranstalten, bei denen alle jungen Menschen ihrer Denomination zusammengeführt werden.

Meine Denomination, die Evangelisch-Lutherische Kirche Amerikas, hat ein Event, der sie den kreativen Namen *The Youth Gathering* [dt.: Die Jugendversammlung) gegeben hat. (Sie müssen wirklich intensiv über diesen Namen nachgedacht haben.) Alle drei Jahre treffen sich alle lutherischen Kids aus den USA. Das findet in einer großen Sporthalle statt und im Prinzip ist es eine Art lutherisches Festival, auf dem all diese jungen Menschen sich umschauen und sagen: »Wow, ich hätte nie gedacht, dass es so viele Lutheranerinnen gibt!« Vor einigen Jahren war ich auf einem dieser Jugendtreffen, und unglücklicherweise geschah es, dass ich dieser seltsame Typ war, der die Unterhaltung von High-School-Mädchen belauschte. Es war nicht mit Absicht, aber als ich versuchte, zwei Mädchen zu überholen, bin ich im vollen Gang hinter ihnen hängengeblieben. Ich stand also einfach da und hab gewartet, dass sich eine Lücke im Getümmel öffnen würde. Dabei habe ich etwas von ihrem Gespräch mitbekommen. Eine der beiden kickte ihrer Freundin gegen das Bein. Natürlich wusste das Mädchen sofort, dass ihre Freundin sie im Spaß getreten hatte. Aber sie spielte es dramatisch hoch und schaute ihre Freundin an und sagte: »*Oh. My. Gosh.* Ich kann nicht glauben, dass du mich gerade getreten hast!« Und weiter: »Das ist ja so un-lutherisch von dir!« Das hat mich auf meinem Weg gestoppt. Ich hielt inne und dachte: »un-lutherisch«? Eine un-lutherische Tat? Sie hat nicht gesagt, dass es un-moralisch sei oder un-biblisch. Sie sagte, »Das ist so un-lutherisch.« Ich dachte dann bei mir selbst, wenn sie einen Arm um ihre Freundin gelegt hätte und gesagt hätte: »Hey, weißt du, wir hören zwar die ganze Zeit dieses Zeug von ›allein durch den Glauben gerettet‹, aber nur damit du es weißt: Am Ende zählen doch deine Werke.« Das wäre ›un-lutherisch‹ gewesen. Aber seine Freundin zu treten, das ist doch nicht ›un-lutherisch‹. Dennoch hatte sie offensichtlich verstanden, warum ihre Kirche Millionen von Dollar in diese Events investiert. Sie probierte wenigstens für diese vier Tage aus, wie es sich anfühlte, Lutheranerin zu sein. Ob das die nächsten vier Wochen, die nächsten vier Jahre oder bis sie 44 Jahre alt ist anhält? Nun – vielleicht. Vielleicht aber auch nicht. Aber es war das Geld wert. Denn wenn die nächste Generation sich selbst nicht mehr mit dieser Denomination identifiziert, dann verschwindet alles. Manchmal besorgt es mich, dass bei der Finanzierung kirchlicher Jugendarbeit mehr Wert darauf gelegt wird, Jugendliche als aktive Mitglieder ihrer Denomination zu gewinnen, als auf ihre persönliche Entwicklung. Aber wie ihr seht, passt auch das in das Bild, dass es jetzt der ›Wille‹ ist, der wirklich zählt.

Die zweite Veränderung ist, dass wir uns vom Leben in einem ›Kosmos‹ hin zum Leben in einem ›Universum‹ bewegen. Das beste Beispiel dafür ist der 31.01.2018, an dem es, zumindest in Amerika, einen sehr roten ›Blutmond‹ gab. Und vor noch kürzerer Zeit hatten wir eine Sonnenfinsternis in Teilen des Landes. In Vorträgen vor Pastoralpersonen zeige ich gerne ein Bild des Blutmondes und sage: »Ihr erinnert euch bestimmt an diesen Tag. Nie musstet ihr mehr Seelsorgetelefonate führen, wie in den Wochen vor und nach diesem Ereignis. Dieses Datum muss sich in euren Kopf eingebrannt haben, weil ihr nie zuvor so viel arbeiten musstet. Das waren 19 Stunden am Tag, erinnerst du dich?« Und dann gehen verwirrte Blicke durch den Raum und jeder denkt: »Ich erinnere mich nicht daran. Mir ging das gar nicht so. Was ist falsch mit mir? Warum war ich nicht so beschäftigt?« Natürlich war niemand besonders beschäftigt an diesem Tag. Das liegt daran, dass es niemand als wichtig erachtet, wenn ein sehr roter Blutmond am Himmel erscheint. Man kann sich nicht einmal vorstellen, dass deswegen irgendjemand seinen Pastor anrufen würde: »Pastor, ich habe darüber nachgedacht einen neuen Job anzunehmen, aber jetzt habe ich gehört, dass es einen Blutmond geben wird. Soll ich oder soll ich nicht?« Oder: »Ist es sicher ein Kind zu bekommen oder nicht?« In anderen Worten: Was will Gott uns damit sagen? Der Punkt hier ist: Wenn du in einem ›Kosmos‹ lebst, dann trägt alles – auch Naturphänomene – eine verborgene Nachricht. Und du brauchst jemanden, der dir hilft herauszufinden, was vor sich geht.

Wenn du allerding in einem ›Universum‹ lebst, dann ist das cool. Wenn du früh genug aufstehst, kannst du vielleicht ein Selfie für Instagram machen. So ein Blutmond ist schön, hat aber eigentlich nichts zu bedeuten. Es gibt keine Geschichte dazu und er trägt auch keine Nachricht in sich. Wir haben mathematische Formeln, die uns genau berechnen können, wann wir den nächsten sehen werden. Man erkennt hier die Veränderung: Heute sind wir weit davon entfernt, Magie in der Welt zu erwarten. All das ist nicht Teil einer Geschichte, es ist einfach ein kosmologisches Phänomen. Wir können berechnen, wann es wieder passiert. Wenn dich dieses Ereignis auf irgendeine Weise inspiriert, dann ist das großartig, aber es bedeutet mit Sicherheit nichts für die Zukunft dieser Welt. Und es sagt uns auch nichts darüber, was Gott gerade eschatologisch tut. Wir haben also eine Veränderung vorliegen. Was jetzt als Pastor wichtig ist, ist nicht mehr, Menschen ›Zugang‹ zum Glauben zu verschaffen, sondern ihn zu *demonstrieren*.

Glaube wird nicht mehr als ›Zugang‹, sondern nunmehr als ›Demonstrierung‹ betrachtet. Man kann sich das so denken, dass es jetzt, mit der Ankunft des Säkularen, wichtig wird zu *demonstrieren*, was man glaubt. Die Kirche wird zu einem Ort, an dem Menschen öffentlich demonstrieren, was sie im Privaten glauben. Der Pastor wird damit zu einer öffentlichen Person, die es irgendwie schafft, Predigten zu halten und

Bibelarbeiten zu leiten, die die Grenze ins private Leben der Menschen überschreiten. Diese sollen ihnen helfen, ihren Glauben zu entwickeln, damit sie diesen dann öffentlich in der Kirche ausleben können. Der beste Pastor in jener Zeit, zum Beispiel im Amerika des frühen 20. Jahrhunderts, war daran zu erkennen, dass die Mitglieder seiner Gemeinde Geld spendeten und sich ehrenamtlich einbrachten. Die Gemeinde war der Ort, an dem du demonstrieren konntest, was du innerlich glaubst. Das ist der Beginn der Säkularisierung, aber sie geht weiter. Und ich glaube, sie wird immer mehr zu einer Realität, mit der wir uns alle auseinandersetzen müssen.

Säkularität 2: Rückgehende Teilnahme

Ein weiteres Level der Säkularisierung kommt mit dem, was Taylor Säkularisierung 2 nennt. Hier verschärft sich diese Trennung zwischen Öffentlichem und Privatem radikal. Es scheint eine Art Konflikt zwischen dem Religiösen und dem Unreligiösen zu geben. Wenn man sich das Ganze räumlich vorstellt, dann hat man das Gefühl, dass in unseren westlichen Gesellschaften der unreligiöse Raum immer größer wird, während der religiöse Raum schrumpft. Deshalb – um auf meinen ersten Beitrag zurückzukommen – scheint es, als hätten Mittelschichteltern ein deutlich größeres Interesse daran, ihre Kinder in unreligiöse statt in religiöse Aktivitäten einzubinden.[8] Wie also bekommen wir mehr Menschen dazu, tatsächlich zu partizipieren? Das Problem ist, dass uns die Menschen abhandenkommen. Klassischerweise tendieren wir dazu, Säkularisierung als ebendies zu definieren. In unserem westlichen Denken generell – aber auch in den Konfessionen – definieren wir Säkularisierung als »Immer weniger Menschen gehen zur Kirche« oder »Die religiösen Institutionen werden immer schwächer.« Das sind unsere klassischen Beschreibungen.

Ein Freund von mir ist Pastor in der Region, in der ich lebe und er erzählte mir davon, dass er etwas wirklich Furchtbares getan hatte. Er ist ins Internet gegangen und hat seine Gemeinde gegoogelt. Dabei hat er herausgefunden, dass seine Gemeinde so um die acht Bewertungen hat. Ich weiß nicht, ob das auf Deutschland genauso zutrifft wie auf Amerika, aber in den USA kannst du praktisch alles auf Google bewerten. Er hat also bemerkt, dass seine Gemeinde acht Bewertungen auf Google hat. Dann hat er etwas noch Schlimmeres getan: Er entschied sich, sie zu *lesen*. Weil die Gemeinde 4,8 von 5 Sternen hatte, dachte er, dass er gut damit umgehen könnte. Die Bewertungen waren ja immerhin sehr positiv. Da standen Dinge wie: »Wir lieben diese Gemeinde. Die Teppiche sind immer sauber!«, »Wir lieben diese Gemeinde. Wir fühlen uns sicher. Wir können unser Baby im Krabbelzimmer spielen lassen, denn sie desinfizieren die Spielsachen alle drei Monate.« oder »Wir lieben diese Gemeinde. Wir müssen nur 20 Minuten fahren und die Predigten bringen uns manchmal zum Lachen.« Mein Freund stellte fest, dass diese Bewertungen die exakt selbe Form hatten wie Airbnb-

---

8   Vgl. Root, The End of Youth Ministry?, 9–13.

oder Hotelbewertungen. Es ging im Wesentlichen um die Annehmlichkeiten, die geboten werden.

Wenn wir Säkularisierung mit dem Verlust von Menschen und Ressourcen gleichsetzen, ist ein Teil des Problems, dass diejenige als beste Pastorin angesehen wird, die möglichst viel *Teilnahme* generieren kann.[9] Man muss Geschwindigkeit aufnehmen und mehr und mehr leisten und anbieten, um irgendwie mithalten zu können. Die Idee ist, dass wir uns in einem schrumpfenden Markt befinden und man deshalb irgendwie mehr Kapital generieren muss, um zu wachsen. Die beste Form pastoraler Praxis ist somit nicht mehr, Glauben zu *demonstrieren,* sondern *Teilnahme* zu generieren. Wie können wir mehr Menschen dazu bewegen, teilzunehmen? Auch als ein Jugendpastor wird es zu deiner Aufgabe, mehr Jugendliche in die Jugendgruppe zu bekommen. Und du bist eine gute Pastorin in einer guten Kirche, wenn mehr und mehr Menschen an den Angeboten teilnehmen.

Ich will nicht naiv sein. Ich unterrichte an einem kirchlichen Seminar, das seit 20 Jahren immer kleiner wird. Wir sind uns dessen sehr bewusst, dass es keine sieben Seminare zur Ausbildung lutherischer Pastoren mehr braucht, wenn die Denomination weitere 15 % ihrer Mitglieder verliert. Es braucht sie wahrscheinlich schon jetzt nicht mehr wirklich. Aber ich mag meinen Job. Das ist also ein Problem für mich. Ebenso geht es den meisten Kirchen. Viele Kirchen in Nordamerika – und ich bin sicher, dass das auch für Deutschland zutrifft – sind nur ein Loch im Dach davon entfernt, ein großes Problem zu haben. In Amerika, wo wir keinerlei Gelder oder Förderungen für unsere Gebäude oder unsere Gemeindearbeit im Allgemeinen erhalten, sind viele Kirchen tatsächlich nur eine teure Reparatur – eine Rechnung über 500.000 Dollar – davon entfernt, bankrottzugehen. Das ist ein großes Problem. Trotzdem bin ich mir unsicher, ob es wirklich das ist, was es heißt in einem säkularen Zeitalter zu leben. Ich glaube nicht, dass es einfach darum geht, dass weniger Menschen zur Kirche gehen. Was es für uns heute heißt, in einer säkularen Welt zu leben, ist das, was als *Säkularität 3* bezeichnet wird.[10]

Säkularität 3: Gegenläufiger Druck

An dieser Stelle eine kleine Wiederholung: Wenn Säkularität 1 bedeutet, dass sich die Vorstellung etabliert, Glaube sei Privatsache, und Säkularität 2[11] meint, dass religiöse Institutionen immer schwächer werden – was ist dann Säkularität 3?

Säkularität 3 herrscht, wenn alle Formen des Glaubens angefochten werden. In anderen Worten: Jeglicher Glaube wird brüchig. Wir werden uns plötzlich bewusst, dass wir alle auch an etwas Anderes glauben könnten. Wir lernen Menschen kennen

---

9 Vgl. Root, The Pastor in a Secular Age, 21f. Ebenso: Root / Bertrand, When Church Stops Working, 42.
10 Vgl. Root, Faith Formation in a Secular Age, 109–112. Ebenso: Root / Bertrand, When Church Stops Working, 11f.
11 Vgl. Root, Faith Formation in a Secular Age, 106–109.

– vielleicht in der Nachbarschaft –, die etwas anderes glauben. Trotzdem haben wir die gleichen Interessen, nämlich dass Deutschland die Fußball-Europameisterschaft gewinnt. Wir werden uns bewusst, dass wir uns doch eigentlich alle recht ähnlich sind. Also wird uns immer klarer, dass wir genauso gut etwas Anderes glauben könnten. Charles Taylor nennt das die »fragilization«[12] [dt. Brüchigkeit] des Glaubens. Wir sind uns bewusst, wie fragil unser Glaube eigentlich ist. In dieser Realität gibt es zwei Dynamiken: ein Plus und ein Minus.

Man kann sich dies wie bei einer Batterie vorstellen. Auch da haben wir ein Plus und ein Minus und wir müssen sie richtig herum in die Fernbedienung stecken, damit es funktioniert. Übertragen heißt das ebenfalls Folgendes: In einem säkularen Zeitalter braucht es ein Plus und ein Minus, damit es funktionieren kann. Das Minus ist, dass Transzendenz als übergeordnetes Deutungssystem – oder auch einfach nur die Vorstellung, dass es einen lebendigen, sprechenden und in der Geschichte wirkenden Gott gibt – immer unglaubwürdiger wird. Die Leute lehnen es meist noch nicht einmal direkt ab, sie erinnern sich einfach nicht mehr daran. Wenn man in ein Café irgendwo in der westlichen Welt geht, ist es nicht unwahrscheinlich, dass man jemanden sagen hört, »Weißt du, früher bin ich ja regelmäßig zur Kirche gegangen, aber gerade ist einfach alles zu stressig, daher habe ich beschlossen, mir für eine Weile eine Pause von Gott zu nehmen.« Das ist doch eigentlich eine sehr merkwürdige Aussage, aber für die meisten Menschen im Café macht es absolut Sinn. Würde man das allerdings einer *null säkularisierten* Person sagen, wäre das für sie gleichbedeutend mit: »Ich mache erstmal eine Pause vom Atmen.« Es wäre einfach unvorstellbar. Aber heute kann man sich das vorstellen, es ist denkbar, sich eine Pause von Gott zu nehmen. Das Minus des säkularen Zeitalters ist, dass der Glaube als übergeordnetes Deutungssystem keine Bedeutung mehr hat und dass die Vorstellung, es gebe eine transzendente Realität, die in unserer Welt am Wirken ist, für viele Menschen zunehmend unvorstellbar wird. Das ist die negative Seite.

Die positive Realität unserer Batterie ist hingegen, dass Menschen eine tiefe Sehnsucht nach Bedeutung und Bestimmung haben. Sie sind ständig auf der Suche danach. Das führt zu einer sehr merkwürdigen Art von säkularem Zeitalter, denn Spiritualität kann bis zum Exzess getrieben werden. Die Menschen haben das Gefühl, dass sie möglichst alle Arten von Spiritualität erproben müssen, um Sinn zu finden, den ganzen Konkurrenzdruck zu bewältigen und ein eigenes Selbst zu entwickeln. Die Menschen beginnen z. B. wahnsinnig viel Sport als eine Art der Spiritualität zu treiben. Oder sie betreiben Meditation oder Ähnliches mit einer App. Sie brauchen zu all dem keinen Gott, aber sie wollen irgendeine Art von Spiritualität. Sie wollen explizit spirituell sein, aber nicht religiös. Dieses Phänomen kann nur innerhalb der Realität der Säkularität 3 Sinn ergeben, denn hier kann Spiritualität angepasst werden. Es funktioniert aber nicht mit dem Konzept eines lebendigen und sprechenden Gottes, der Gnade

---

12 Taylor, Charles, A Secular Age, Cambridge 2007, 556f.

oder Gericht bringt. Das wird immer unglaubwürdiger, während die Menschen aber trotzdem nach allerlei Spiritualität streben.[13]

Charles Taylor nennt das den ›Nova Effekt‹,[14] weil er der Ansicht ist, dass organisierte Religion und die Authentizitätsbewegung, die wir im vorherigen Beitrag besprochen haben, miteinander im Konflikt stehen und sich zugleich gegenseitig anziehen. Er greift hier zurück auf das Bild von Sternen und schwarzen Löchern: Wenn Sterne kollidieren, erzeugt die Schwerkraft einen Überschuss an – wie er es nennt – ›dritten Optionen‹. Für viele Menschen ist es heute genauso bedeutsam mit ihrem Hund durch den Schwarzwald zu spazieren, wie zur Kirche zu gehen. Das ist ihre neue Art der Spiritualität. Das sind also die Bedingungen, unter denen wir in der Säkularität 3 leben. Eines der faszinierenden Dinge, die Charles Taylor in seinem Buch *A Secular Age* sagt, ist, dass die *Brüchigkeit* [engl. fragilization] in der Säkularisierung 3 *in beide Richtungen* wirkt. Die Brüchigkeit ist beidseitig. Es funktioniert folgendermaßen: Wenn du ein gläubiger Mensch bist, dann ist das eben so. Dennoch wirst du Momente erleben, in denen dein Glaube brüchig wird. Dann hinterfragst du, ob das alles tatsächlich wahr ist oder nur Prägung deiner Familie. Was wäre, wenn du in einer anderen Familie aufgewachsen wärst, würdest du dann trotzdem glauben? Aber dann sagst du dir, »Nein, nein, nein, Ich glaube das. Ich glaube!« Und du machst weiter, aber dann zweifelst du wieder. Man hat dann einen Moment, in dem man über Religion nachdenkt: »Ist es wahr? Oder ist es nur ein Trick der Evolution? Ich meine, ist das nur eine falsche Mustererkennung auf ganzer Linie? Ist das alles? Nein, nein, nein, es ist wahr, es ist wahr, es ist wahr.« Anschließend machst du einfach weiter – und Taylor sagt, dass du gar nicht anders kannst. In dieser Art von säkularem Zeitalter, wird man als gläubiger Mensch Momente haben, in denen man seinen Glauben als brüchig empfindet.

Nach Taylor wirkt es aber genauso in die andere Richtung. Stell dir vor, du bist ein junger erwachsener Mensch und du lebst an einem coolen und hippen Ort – sagen wir Berlin. Du warst an einer guten Universität und hast viel gelesen. Du hast eine Band gegründet und arbeitest an der Entwicklung einer App. Du bist hochgebildet. Du weißt, was Religion ist: Religion ist eine historische Realität, die von den Mächtigen missbraucht wurde, um andere Menschen zu unterdrücken. Du glaubst, dass du nicht glaubst. Nichts von all den Inhalten von Religion glaubst du. Taylors Punkt ist hier, dass auch du Momente des Zweifels haben wirst. Es gibt Momente, in denen dein Unglaube brüchig wird und du glaubst. Zum Beispiel gehst du zu dem Weihnachtskonzert deines Neffen, weil dich deine Schwester darum gebeten hat. Eigentlich wolltest du nicht gehen, aber jetzt bist du da und sitzt in der hintersten Reihe der Konzerthalle, um deine Schwester zufriedenzustellen. Es ist ein Bach-Konzert. Und dann fängt es plötzlich an. In diesem Moment fühlst du es plötzlich. Etwas greift nach dir. Es fühlt sich so an, als gäbe es tatsächlich einen Sinn im Universum und als wäre da draußen etwas Größeres. So wird dein Unglaube brüchig und du hast einen Moment des Glaubens. Empirisch lässt sich zeigen, dass die meisten Leute sagen, dass es

---

13 Vgl. Root, Andrew, The Church in an Age of Secular Mysticisms. Why Spiritualities without God Fail to Transform Us, Grand Rapids 2023.
14 Vgl. Taylor, A Secular Age, 299–313.

keinen Sinn im Universum gibt. Weißt du, wie groß das Universum ist? Verstehst du, wie unbedeutend unsere Galaxie in Anbetracht des Universums ist, wie klein unser Sonnensystem ist, wie mickrig die Erde ist? Sie ist nur ein winzig kleines Stück Kohlenstoff, das in diesem massiven, gigantischen Universum herumschwebt. Du glaubst, dass es keinen Sinn in der Welt gibt.

Wir wissen aber ebenfalls empirisch, dass dein Unglaube brüchig wird, wenn du dein neugeborenes Kind zum ersten Mal in den Armen hältst. Dann denkst du: »Wow, es fühlt sich an, als würde ich es schon immer kennen.« Wenn es mit seiner kleinen Hand nach dir greift, spürst du, dass etwas von außen in dir etwas bewegt. Ein letztes Beispiel: Du erfährst, dass deine Mutter gestorben ist. Du wusstest, dass sie krank war, aber du hättest nie gedacht, dass es so schnell gehen würde. Also gehst du heim zur Beerdigung. Du bleibst für die Nacht bei deiner Cousine, die so freundlich ist, dich zu beherbergen. Und ihr verbringt die Nacht damit, in Erinnerungen zu schwelgen und Geschichten über deine Mutter zu erzählen. Ihr lacht und weint – und weint und lacht. Dein Bruder erzählt, wie eure Mutter immer die Küche geputzt hat: »Sie würde diesen 1980er-Jahre-Song anmachen und tanzend die Küche fegen.« In der High-School war dir das furchtbar peinlich, aber jetzt bringt es dich zum Weinen und du vermisst deine Mutter. Irgendwann geht ihr ins Bett. Am nächsten Morgen verschläfst du, ziehst dich schnell an und wirfst deine Sachen hastig in den Koffer. Dann verabschiedest du dich und gehst zum Auto. Du fährst gerade aus der Einfahrt, als du es im Radio hörst: Eben dieser 1980er-Jahre-Song. Und jetzt hast du die Wahl. Du kannst dir denken: »Jeff Bazos hört jedes Wort, das wir sagen.« Oder du kannst dich fragen, ob da etwas Tieferes ist. Gibt es etwas Größeres? Was Taylor uns sagen will, ist, dass beides echte Optionen sind. Beides sind berechtigte Möglichkeiten, legitime Wege, in dieser Zeit zu leben. Aber man sieht, dass der Glaube selbst brüchig wird.

Unabhängig davon, ob du gläubig bist und deinen Glauben als brüchig empfindest oder ob du ungläubig bist und dies ebenfalls als brüchig erlebst – wir alle leben nach Taylor in einem *immanenten Rahmen*. Er sagt: Der immanente Rahmen ist »a constructed social space that frames our lives entirely within a natural (rather than supernatural) order. It is the circumscribed space of the modern social imaginary that precludes transcendence.«[15]

Um das ein bisschen besser verständlich zu machen, würden Texte eines Popstars helfen, oder?

Kennst du den britischen Popstar Lily Allen? Wer sie kennt, weiß, dass ihre Musik sehr britisch, aber auch respektlos ist; sehr poppig, aber zugleich auch eine Art musikalischer Mittelfinger. Einer ihrer Songs heißt »The Fear«. Da heißt es: »Life's about film stars and less about mothers. It's all about fast cars and cussing each other. But it doesn't matter ›cause I'm packing plastic. And that's what makes my life so f*ing

---

15 Zitiert nach: Smith, James K.A., How (Not) to be Secular. Reading Charles Taylor, Grand Rapids 2014, 141, Vgl. Taylor, A Secular Age, 542–543. [Dt.: »ein konstruierter sozialer Raum, der unser Leben vollständig in eine natürliche (und nicht in eine übernatürliche) Ordnung einordnet. Er ist der umschriebene Raum des modernen sozialen Imaginären, der Transzendenz ausschließt.« AJ]..

fantastic.«[16] Folgende Textpassage ist mir wichtig: Sie sagt: »And I am a weapon of massive consumption. And it's not my fault, it's how I'm programmed to function.«[17] Und dann kommt es: »Now I'm not a saint, but I'm not a sinner. And everything's cool as long as I'm getting thinner.«[18] Das ist der »immanente Rahmen«. Nochmals: Der Song ist sehr respektlos und sehr direkt. Aber ihr entscheidender Punkt ist: »Heilige oder Sünderin? Das hat mich nicht eine Sekunde beschäftigt. Ich lag nie wach, weil ich überlegt habe, was Gott von mir denkt.«

Das war in Nordeuropa aber eine große Frage. Martin Luther konnte nicht schlafen, als er im Kloster in Erfurt war, weil er sich eben fragte, bin ich ein Heiliger oder ein Sünder? Seine Biographen sagen, dass er einmal zur Beichte ging und ganze sechs Stunden lang gebeichtet hat. Als er dann den Beichtstuhl verlassen hatte, versucht er direkt zurück zum Beichten zu gehen, aber sein Beichtvater sagte: »Nein, Martin, du musst erstmal etwas tun, bevor du eine zweite Runde drehen kannst.« Dieser Gedanke – ›Bin ich ein Heiliger oder ein Sünder?‹ – war eine Last, die die Menschen der westlichen Kirche Tag und Nacht zu tragen hatten und die ihnen den Schlaf raubte. Natürlich wissen wir, dass Luther dann den Römerbrief neu gelesen hat und dort seinen größten theologischen Durchbruch erlebte, als er begriff, dass es nicht um ein Entweder-oder, sondern um ein Sowohl-als-auch geht. Dafür steht Luther: Du bist Sünder und Heiliger zugleich. Und die Leute klammerten sich an diese Gute Nachricht, bis hin zu dieser britischen Sängerin 2012. Wir wollen ihr nicht zu viel Aufmerksamkeit schenken. Aber sie zeigt uns etwas. Sie sagt praktisch: »Nicht einmal in meinem Leben, bin ich nachts aufgewacht und konnte nicht mehr einschlafen, wegen der Frage, ob ich in den Himmel oder in die Hölle kommen würde. Bin ich Heilige oder Sünderin? Nicht einmal hat mich das beschäftigt.« Aber es ist erstaunlich, dass sie trotzdem schlaflos *war*. Sie *war* nachts wach gelegen und wurde von Angst ergriffen. Doch nicht wegen der Frage: »Was denkt Gott über mich? Habe ich sein Gebot gebrochen?« Was sie aber sehr wohl beschäftigt hat ist: »Oh nein, die Badesaison geht bald los. Was werden die Leute über meinen Körper denken?« Der Punkt ist also, dass ihre tiefste Angst vom Immanenten und Materiellen kommt, nicht unbedingt vom Transzendenten. Aber trotzdem hat sie große Angst.

Es gibt diese eine Lüge, die besonders während der Aufklärung gespürt wurde. Zum Beispiel sagte Voltaire: »Wenn wir uns nur diese überheblichen Priester vom Hals schaffen könnten, müssten wir uns nie wieder schuldig fühlen. Wenn wir uns nur nicht mehr schuldig fühlen müssten. Wir fühlen uns nur schuldig, weil diese Priester uns die ganze Zeit im Nacken sitzen.« Nun, Voltaire hat sich in manchen Dingen getäuscht, aber mit dieser Aussage liegt er richtig falsch. Wenn du etwas Zeit

---

16 Allen, Lily, The Fear, https://genius.com/Lily-allen-the-fear-lyrics, [2024-10-10]. [Dt.: »Im Leben geht es um Filmstars und weniger um Mütter. Es geht nur um schnelle Autos und darum, sich gegenseitig zu beschimpfen. Aber das ist egal, denn ich verpacke in Plastik. Und das ist es, was mein Leben so verdammt fantastisch macht.« AJ].
17 Ebd. [Dt.: »Und ich bin eine Waffe des massiven Konsums. Und es ist nicht meine Schuld, es ist, wie ich programmiert bin zu funktionieren.« AJ].
18 Ebd. [Dt.: »Ich bin keine Heilige, aber auch keine Sünderin. Und alles ist in Ordnung, solange ich nur dünner werde.« AJ].

mit aufstrebenden Amerikanern aus der Mittelschicht verbringst, wirst du bald feststellen, dass sie unglaublich schuldbewusste Menschen sind. Sie fühlen sich *so sehr* schuldig. Es geht aber nicht um Schuld gegenüber Gottes Geboten. Sie fühlen sich vor *sich selbst* schuldig. Sie haben *sich selbst* enttäuscht. Sie waren nicht mutig genug, einen Blog zu betreiben. Sie haben diesen einen Job nicht angenommen oder den anderen Abschluss nicht gemacht. Sie haben nicht mit diesem oder jenem Podcast angefangen. Jeder hat diese vier Ideen für einen Podcast, von denen die Welt eigentlich keinen einzigen braucht. Diese Menschen fühlen sich schuldig; sie haben das Gefühl, dass sie versagt haben, weil sie nicht in der Lage waren, aus ihrer inneren Großartigkeit heraus zu leben und das zu sein, was sie so gerne wären.

Wir sehen, wie der immanente Rahmen funktioniert. Er beinhaltet immer noch Schuld, aber der Grund dafür ist nun natürlich und materiell. Taylor meint, dass wir nicht umhinkönnen, von Zeit zu Zeit über unsere Schulter zu schauen und unseren Glauben in einem Zustand von Zweifel und Unsicherheit zu leben. Das kann man sogar bei Lily Allen wahrnehmen, denn obwohl wir diese unverblümten Verse von ihr haben, folgt dann ein eindringliche Refrain. Taylor nennt das »*gegenläufigen Druck*« (engl.: cross pressure), wenn wir das Gefühl haben, dass unser Leben in die eine Richtung geht, aber von den tiefen Fragen durchkreuzt wird.[19] Lily Allen singt im Refrain: »I don't know what's right or what's real anymore. I don't know how I'm meant to feel anymore. When do you think it all becomes clear? Because I'm being overtaken by the fear.«[20] Man spürt den gegenläufigen Druck.

Ich möchte euch noch einen anderen Song zeigen. Die Purple Mountains sind eine Band aus Chicago und der Song, den ich euch präsentieren möchte, heißt »Margaritas at the Mall«[21]. Dieser Song ist von jemandem, der in seinem ganzen Leben nicht eine Minute in einer Kirche verbracht hat. Dennoch wirst du einige tiefe Fragen und Sehnsüchte in den Zeilen erkennen: »How long can the world go under such a subtle God? How long can the world go under no new word from God?«[22] Wie erwähnt, der Schreiber dieser Zeilen ist kein Kirchgänger. Trotzdem fragt er sich, ob es in dieser westlichen Welt genug Sinn gibt, dass es sich zu leben lohnt. Das fasst Charles Taylor auf eine sehr interessante Weise zusammen, denn dieser sagt nicht, dass es notwendigerweise eine Errungenschaft des Westens ist, dass Gott scheinbar verschwunden ist. Die Errungenschaft – und damit meint er nicht, dass das zwingend eine gute Sache ist – ist, dass eine Anstrengung notwendig war, Gott subtil zu machen. Gott wird zu einer unterschwelligen Kraft gemacht. Die meisten Menschen geben in Umfragen immer noch an, dass sie daran glauben, dass es eine Art Gott gibt, aber dass dieser Gott unbewegt ist. Dieser Gott tut nichts. Gott wird subtil. Der Songwriter ist sich nicht

---

19 Vgl. Root, Faith Formation in a Secular Age, 112–114.
20 Allen, The Fear. [Dt.: »Ich weiß nicht mehr, was richtig oder was real ist. Ich weiß nicht mehr, wie ich fühlen soll. Wann, glaubst du, wird mir alles klar? Denn ich werde von der Angst überholt.« AJ].
21 Purple Mountains, Margaritas at the Mall, https://genius.com/Purple-mountains-margaritas-at-the-mall-lyrics [2024–11–01].
22 [Dt.: »Wie lange kann eine Welt bestehen unter einem so subtilen Gott? Wie lange kann die Welt bestehen ohne ein neues Wort von Gott?« AJ].

sicher, ob das ausreicht. Aber was haben wir stattdessen? Nun, wir haben Margaritas. Es gibt sie in allen möglichen Geschmacksrichtungen. Wir haben Margaritas im Einkaufszentrum. »And that's what this stuff adds up to after all.«[23] Das ist das Projekt der Säkularisierung des Westens. Anstelle von Jonathan Edwards, der uns sagt, dass wir alle Sünder in den Händen eines zornigen Gottes sind, bekommen wir das Einkaufszentrum und alle möglichen Sorten Margaritas. In mancherlei Hinsicht klingt das ehrlich gesagt besser. Ich meine, ich brauche keinen Jonathan Edwards, der mir die ganze Zeit im Nacken sitzt. Aber es wird zum Bumerang, wenn man merkt, dass es nicht viel Sinn gibt. In der Tat endet die Geschichte sehr traurig, denn der Songwriter David Berman, der sich so nach Sinn sehnte, beging zu Beginn der Pandemie Suizid. Ein Teil von Taylors Argumentation ist, dass es Konsequenzen gibt. Natürlich hat der Glaube Konsequenzen. Als der konservative Protestantismus in Amerika sich mit der Schuld bestimmter politischer Systeme auseinandersetzte, hat man gesagt, dass Glaube Konsequenzen hat. Das ist natürlich wahr. Aber auch der Unglaube hat Konsequenzen. Das ist es, was David Berman mit diesem Song empfindet.

Geschichten von heute, die noch nie erzählt wurden

Ich kann nicht mehr sagen, mit wie vielen Menschen ich geredet habe, die davon überzeugt sind, dass das einzige, was die Kirche wirklich brauche, eine Margarita-Maschine sei. Niemand hat das direkt so gesagt. Aber der Punkt ist doch, dass der amerikanische Protestantismus heute nur noch versucht, bessere Marketingstrategien zu entwickeln. Viele der Menschen, mit denen ich gesprochen habe und die sich Sorgen um junge Menschen und ihre Beziehung zur Kirche machen, haben zu mir gesagt: »Wir brauchen einfach besseren Kaffee.« Der amerikanische Protestantismus startete seit Ende des 20. Jahrhunderts eine Bewegung, die Gemeinden immer mehr in Einkaufszentren verwandelt. Ich verstehe den missionalen Aspekt dahinter, aber trotzdem denke ich, dass es die Gefahr birgt, zunehmend alles innerhalb des immanenten Rahmens zu betrachten. Es gibt die Tendenz, uns dem Gefühl zu berauben, dass Gott in unserer Welt tatsächlich lebt, wirkt und spricht. Religion wird dann zu einer weiteren Vorstellung von etwas Gutem.

Es steht also viel auf dem Spiel, wenn wir nicht wissen, welche Säkularität wir meinen. Wenn wir an die Säkularität 2 denken, dann werden wir wahrscheinlich schnell in einen Aktionismus verfallen, der unsere Kirchen in Malls verwandeln will, um sie attraktiver zu machen, vor allem wenn es um junge Menschen geht. Anstelle dessen sollten wir uns lieber damit beschäftigen, wie wir diese Fragen beantworten: »Wie gehen wir als Gemeinde mit der Brüchigkeit des Glaubens um? Und wie helfen wir den Menschen, das Wort des lebendigen, sprechenden und wirkenden Gottes zu hören?«

Ich will dir noch eine Geschichte erzählen, die vielleicht etwas veranschaulicht, wie das aussehen kann. Vor einigen Jahren bin ich auf das Buch einer amerikanischen

---

23 [Dt.: »Und das ist es, worauf das Ganze hinausläuft.« AJ].

Anthropologin gestoßen. Das Buch hat einige Auszeichnungen gewonnen und ich würde es weiterempfehlen. Es ist das Buch *When God Talks Back* von Tanya M. Luhrmann.[24] Sie hat beobachtet, dass es in Amerika eine interessante Spaltung gibt, über die niemand redet. Auf der einen Seite gibt es eine kleine Gruppe an Menschen, denen es sehr leichtfällt, darüber zu sprechen, wie Gott mit ihnen redet. Gott scheint ihnen allerlei mitzuteilen. Auf der anderen Seite gibt es aber eine größere Gruppe von Menschen, die denken, es sei völlig verrückt, Gott reden zu hören. Für sie ist das so etwas wie eine leichte Schizophrenie. Diese Menschen leben zusammen und doch sehen sie die Dinge ganz und gar nicht gleich. Luhrmann hat sich entschieden, die Menschen zu erforschen, die sagen, Gott würde zu ihnen sprechen. Als gute Anthropologin ist sie so vorgegangen, dass sie eine von ihnen wurde. Sie besuchte eine Vineyard-Gemeinde – eine Denomination, die der Pfingstbewegung zugeordnet wird – und verbrachte dort drei Jahre. Dann zog sie nach Nordkalifornien, um eine neue Stelle in Stanford anzutreten, und verbrachte dort weitere drei Jahre mit dieser Gruppierung. Insgesamt waren es also sechs Jahre, in denen sie tief in die Gemeinde involviert war. Das Buch endet auf eine sehr schöne Weise. Sie fragt: »Kann man sagen, dass Menschen, die behaupten, Gott spreche zu ihnen, eine Art Geisteskrankheit haben – eine leichte Schizophrenie oder so etwas?« Sie fährt fort: »Nein, das kann man absolut nicht sagen. Es gibt keinerlei Korrelation zwischen dem, dass Menschen sagen, dass sie Gott sprechen hören, und irgendeiner psychischen Krankheit.« Sie fragt weiter: »Kann man also sagen, dass sie tatsächlich Gott zu sich sprechen hören?« Daraufhin sagt sie: »Nun, ich unterrichte in Stanford, und dort ist es nicht üblich zu sagen, Gott würde zu Menschen sprechen. Ich werde das auch nicht behaupten.« Aber dann sagt sie etwas eigentlich viel Schöneres – eine Art tiefes Lebenszeugnis: »Was ich sagen kann ist, dass mein Vater verstorben ist, während ich mit diesen Menschen gelebt habe. Sie haben für mich gebetet. Und diese Gebete haben mich geheilt und mir geholfen weiterzumachen.«

Ich war wie gebannt von diesem Buch. Es war so interessant. In dieser Zeit schrieb ich gerade mein Buch *Christopraxis*[25], in dem es um Methoden Praktischer Theologie geht. Ich dachte mir: »Was würde passieren, wenn man Christen, die nicht aus der pfingstlerischen Tradition kommen – vielleicht Preybyterianer oder Lutheraner – fragen würde, ob Gott zu ihnen gesprochen hat?« In einer Pfingstgemeinde bekommt man Schulterklopfen, wenn man sagt, dass Gott zu einem gesprochen hat. Wenn man das als Lutheraner oder Presbyterianer sagt, treten die Leute einen Schritt zurück und sagen: »Wow, das ist seltsam.« Ich beschloss also, in den pazifischen Nordwesten zu reisen, ein Gebiet, in dem verhältnismäßig wenige Menschen zur Kirche gehen – ein Gebiet, das demografisch eher Europa ähnelt als dem Mittleren Westen oder dem Süden der USA.

Dort habe ich ›Narrative Interviews‹ durchgeführt. Dabei unterhält man sich etwa eine Stunde mit einer Person und stellt dabei ca. sechs wichtige Fragen. Man schaut

---

24 Luhrmann, Tanya M., When God Talks Back. Understanding the American Evangelical Relationship with God, New York 2012.
25 Root, Andrew, Christopraxis. A Practical Theology of the Cross, Minneapolis 2014.

einfach, wohin das Gespräch läuft und welche Geschichten erzählt werden. Das Gespräch wird aufgenommen, transkribiert und dann auf die Themen hin untersucht. Ich befragte nur zwölf Personen, es handelt sich also nicht um eine repräsentative Studie. Doch es war beeindruckend, denn alle zwölf Personen, die ich interviewt hatte, antworteten auf ähnliche Weise. Ich habe sie alle gefragt: »Hatten Sie jemals ein Erlebnis, bei dem Gott zu Ihnen gesprochen hat, bei dem Sie gehört haben, dass Gott zu Ihnen spricht?«

Ein fast 80-jähriger Mann sagte: »Ich hasse es, wenn jemand sagt, dass Gott zu ihm spricht. Ich glaube das nie. Ich würde das niemals behaupten und niemandem vertrauen, der sagt, dass Gott zu ihm gesprochen hat... Bis auf dieses eine Mal.« Alle hatten »*dieses eine Mal*« als Erfahrung. Es waren wunderschöne Geschichten, die sie mir erzählten. Die meisten hatten eine Art Berufung zu einem spezifischen Dienst [engl. ministry] erlebt. Damit meine ich keine formale Berufung, wie beispielsweise die Einsetzung zur Pastorin nach einem langen Studium. Ich meine Dinge, wie die von einem Mann, der mir von seinem Nachbar erzählte. Dieser hatte kurz zuvor seine Frau verloren, mit der er fünfzig Jahre verheiratet gewesen war. Die Trauer darüber hatte ihn so überwältigt, dass er nicht mehr aufstehen konnte. Und da hörte der Mann Gott sprechen: »Geh zu Gus und sage ihm diese Worte...«. Alle hatten solche Erlebnisse. Und wie bereits erwähnt, es waren sehr berührende Geschichten. Dann fragte ich die Personen: »Habt ihr diese Geschichten jemals jemandem in eurer Kirche erzählt?« Keiner von ihnen hatte das jemals getan. Die nächste Frage war: »Haben Sie diese Geschichte jemals Ihrem Pastor erzählt?« Keiner hat seinem Pastor diese Geschichte je erzählt. »Wie lang kann die Welt unter einem so subtilen Gott bestehen?« Die Wahrheit ist, dass Gott nicht subtil ist. Gott bewegt sich. Aber in unserer säkularen Zeit haben wir aufgehört, diese Geschichten zu erzählen.

Ich möchte dieses Kapitel mit dem letzten Interview beenden, das ich geführt habe. Es war mit der jüngsten Frau im Sampling. Ihr Name ist Rachel und sie war so um die 35 Jahre alt. Als sie in das Büro kam, um dieses einstündige Gespräch mit mir zu führen, sah es so aus, als wolle sie lieber sonst wo sein. Sie schien, als wollte sie das hier nur schnell hinter sich bringen. Es lief also nicht wirklich gut. Sie antwortete nur sehr knapp auf meine Fragen und ich dachte, »Na ja, so ist es eben manchmal«. Als ich alle meine Fragen gestellt hatte, war noch eine Menge Zeit übrig, also stellt ich ihr noch eine letzte Frage, um zu sehen, was sie darauf antworten würde: »Rachel, hast du jemals eine Erfahrung gemacht, bei der du dich so tief umsorgt [engl. ministered] gefühlt hast, dass du dir sicher warst, dass es die Gegenwart von Jesus Christus ist? Als ob du der Gegenwart Jesu Christi begegnet wärst?« Mit dieser Frage änderte sich plötzlich die ganze Stimmung und sie sagte: »Ja, tatsächlich habe ich so etwas erlebt. Aber ich habe noch nie jemandem davon erzählt. Weißt du, ich habe dir doch während des Interviews erzählt, dass ich eine alleinerziehende Mutter bin und deshalb immer sehr beschäftigt bin.« Das hatte sie wirklich. Im Interview hatte sie ständig wiederholt, dass sie alleinerziehende Mutter sei. Doch dann erzählte sie weiter: »Aber ich habe noch nicht erwähnt, wie es dazu gekommen ist, dass ich alleinerziehend bin. Vor dreieinhalb Jahren nahm mein Mann einen Flug von Seattle nach Chicago und eigentlich sollte er nur drei Tage lang weg sein. Nach dreizehn Stunden bekam ich einen Anruf. Am anderen Hörer war ein sehr angespannter und unbeholfener junger Mann, der keinen flüssigen Satz herausbekam. Er sagte immer wieder: ›Ich rufe aus dem Hotel ihres Mannes an. Und, ähm … also … weil etwas passiert ist. Ähm … entschuldigen Sie, ich fange nochmal von vorn an. Also, ich rufe an, weil …‹. Er bekam einfach keine ganzen Sätze zusammen. Sie hatte keine Ahnung, was los war. Nachdem er lange herumgestottert hatte, sagte der junge Mann schließlich: ›Also, ich rufe an, weil es einen Unfall gegeben hat. Ihr Mann ist tot.‹ Und dann erklärte er: ›Unsere Hausangestellten sind in das Zimmer ihres Mannes gekommen und haben ihn bewusstlos im Bett liegend gefunden. Natürlich haben wir sofort den Notarzt gerufen. Sie haben ihn untersucht und gesagt, dass er wahrscheinlich mitten in der Nacht einen Herzinfarkt hatte. Mein Boss kümmert sich jetzt um die Situation und ich wurde gebeten, sie zu informieren, in welche Leichenhalle der Körper ihres Mannes überführt wurde.‹ Sie sagte, als sie das hörte, konnte sie es nicht begreifen. Es machte einfach keinen Sinn. Als sie dann so weit war, war ihr erstes Erleben, als würde plötzlich alle Farbe aus dem Raum gesaugt – als lebte sie plötzlich in Schwarz-Weiß. Sie schaute ins Nebenzimmer und sah dort ihr Kleinkind und ihr Baby und dachte sich: »Mein Leben ist vorbei. Wie soll ich bitte weitermachen?« Sie nahm eine kleine Visitenkarte und schrieb die Adresse des Leichenschauhauses auf. Dann legte sie auf. Anschließend rief sie ihre Mutter an, ob sie die Kinder betreuen könnte. Sie buchte einen Flug, um nach Chicago zu fliegen, wo sie die Leiche zu identifizieren hatte und den Papierkram erledigen musste, damit die Leiche zurück nach Seattle gebracht werden konnte.

Sie kannte niemanden in Chicago. Sie erzählte: »Der Flug dauerte vier Stunden, aber es fühlte sich wie vier Tage an. Ich versank in meiner Trauer und ich hatte das Gefühl, nicht einmal in meinem eigenen Körper zu sein.« Irgendwann kam sie am Flughafen in Chicago an, stieg in ein Taxi, gab dem Fahrer die kleine Karte und er fuhr los. »Ich hätte das bemerken müssen, aber ich war so in Trauer, dass ich nichts wahrgenommen habe…«. Der Fahrer parkte den Wagen. Sie ging rein und die Leute wussten bereits, dass sie kommen würde. Sofort wurde sie in einen Nebenraum geführt. Sie sagte: »Ich stand da ungefähr eine Minute, aber es fühlte sich an, wie ein ganzer Tag. Und dann ist es passiert. Die Türen öffneten sich, eine Bahre wurde hereingeschoben, darauf ein toter Körper unter einem Tuch. Ich wusste das war er. Das war der Moment, in dem sie die Leiche meines Mannes aufdecken würden – und dann würde alles zu real werden, um es ertragen zu können. Das Tuch wurde langsam zurückgezogen. Genau in diesem Moment fühlte sie plötzlich, wie sich eine Hand auf ihre Schulter legte und jemand ihr von hinten eine Wasserflasche reichte. Sie begann zu weinen und sagte: »Es war der Taxifahrer. Noch nie hatte ich mich so umsorgt [eng. ministered] gefühlt, wie in diesem Moment. Ich bin zurück in dieses Flugzeug gestiegen und wusste zwar nicht, wie ich mein Leben wieder in den Griff bekommen sollte, aber ich wusste, dass Gott mich nicht verlassen hatte, dass Jesus Christus bei mir war.« Und auch sie sagte, was alle anderen gesagt hatten: »Ich habe diese Geschichte noch nie jemandem erzählt.«

Jesus Christus bewegt sich. Er nimmt, was tot ist und bringt Leben daraus hervor. Er nimmt was zerbrochen ist und macht es wieder ganz. Es ist eine Auswirkung dieses säkularen Zeitalters, dass wir diese Geschichten nicht mehr miteinander teilen. Wir denken lieber über unsere Marktanteile nach, anstatt diese Geschichten zu teilen.

Ich weiß nichts über diesen Taxi-Fahrer. Sie beendete ihre Geschichte und wir hielten diesen kraftvollen Moment fest. Was also jetzt kommt, ist Fiktion. Stell dir vor, der Taxifahrer ist in einer Gemeinde und er geht zu seiner Pastorin und sagt: »Ich weiß nicht, wie ich das erklären soll. Es war meine letzte Fahrt nach zwölf Stunden Arbeit. Diese Frau war in mein Taxi gestiegen. Als ich in den Rückspiegel blickte, erkannte ich sofort, dass sie in tiefer Trauer war. Ich schaute die Adresse an und kannte den Ort. Als mein Cousin seinen Herzinfarkt hatte, hatten sie auch seine Leiche dorthin gebracht. Als wir angekommen waren, hörte ich es plötzlich, so klar wie nur möglich. Es muss Gott gewesen sein, anders kann ich es mir nicht erklären. Er sagte: »Lass sie nicht allein. Was auch immer du tust, lass sie nicht allein.« Ich wusste nicht, was ich in diesem Moment tun sollte, also gab ich ihr eine Flasche Wasser und legte einfach meine Hand auf ihre Schulter.«

Sehen Sie, es braucht eine Pastorin in seiner Gemeinde, die dann zu ihm sagt: »Siehe, du warst ein Diener des Herrn. Gott hat sich bewegt!« Aber wir machen uns ständig darüber Gedanken, wie wir mehr Marktanteile gewinnen können. Das ist auf einer Ebene auch wichtig, aber was wirklich wichtig ist, ist folgendes: Wie bezeugen wir diese tiefen Geschichten? Lasst uns beten, dass wir Augen dafür haben, was Gott in dieser Welt bewegt, damit wir immer tiefer erkennen, dass er ein Gott ist, der in den Tod und die Zerbrochenheit hineinkommt und Leben und Ganzheit [engl.: wholeness] bringt.

Literatur
Atwood, Margaret, The Handmaid's Tale, Toronto 1985.
Luhrmann, Tanya M., When God Talks Back. Understanding the American Evangelical Relationship with God, New York 2012.
Root, Andrew, Christopraxis. A Practical Theology of the Cross, Minneapolis 2014.
Root, Andrew, Church in an Age of Secular Mysticisms. Grand Rapids 2023.
Root, Andrew, The End of Youth Ministry? Why Parents Don't Really Care About Youth Groups and What Youth Workers Should Do About It, Grand Rapids 2020.
Root, Andrew, The Pastor in a Secular Age. An Invitation to the Ministry of the Future, Grand Rapids 2021.
Root, Andrew / Bertrand, Blair, When Faith Stops Working. A Future for Your Congregation Beyond More Money, Programs, and Innovation. Grand Rapids 2023.
Taylor, Charles, A Secular Age, Cambridge 2007.
Thomas, Keith, Religion and the Decline of Magic. Studies in Popular Beliefs in Sixteenth and Seventeenth-Century England, London 1991.

Jugendarbeit im Scherbenhaufen der Kirche
Zum Verhältnis von Säkularisierung und *youth ministry* bei Andrew Root und darüber hinaus (Response)

Andreas Kubik

Jede Praxis der Jugendarbeit fußt auf einer entsprechenden Theologie.[1] Dieser Umstand wird freilich von denen, die in der Jugendarbeit tätig sind, häufig nicht eigens reflektiert. Entweder findet eine Reflexion überhaupt nicht statt, weil es keinen Anlass dafür zu geben scheint, oder sie bewegt sich schlicht im Rahmen des theologisch Vorausgesetzten, weil einem dies gleichsam ›natürlich‹ vorkommt: Worum es theologisch geht, scheint dann immer schon klar zu sein; verbessert werden können eigentlich nur noch die Methoden. Den Ehrenamtlichen kann und darf man daraus keinen Vorwurf machen. Doch jene gewisse Reflexionsabstinenz bedeutet eine zusätzliche Verantwortung für die, welche Jugendarbeit anleiten. Denn gerade in Gemeinden, in denen die Jugendarbeit ›gut läuft‹ (was meistens bedeutet, dass sie von unerwartet vielen Jugendlichen aufgesucht wird), ›kaufen‹ die Jugendlichen das, was an Theologie im Umlauf ist, in der Regel einfach mit ein. Das sollte bereits Grund genug dafür sein, das theologische Fundament, auf dem eine Jugendarbeit aufbaut, eingehend zu betrachten. Darüber hinaus hat nicht zuletzt die ForuM-Studie darauf aufmerksam gemacht,[2] dass dasjenige Fehlverhalten, welches in der Kirche selbst auftritt, nicht nur auf die Schwäche oder Sündhaftigkeit Einzelner geschoben werden darf, sondern immer auch theologische Gründe hat, die intensiv bedacht werden müssen. Jugendarbeit ist eine Praxisaufgabe der Kirche und muss, wie jede Praxisaufgabe, in der Moderne auch eigens praktisch-theologisch reflektiert werden, da sich in keinem Fall immer schon von selbst versteht, was da eigentlich genau zu tun ist und warum.

> Wenn im Folgenden von »Kirche« die Rede ist, ist damit immer die sichtbare Größe, die sich selbst so nennt, gemeint, ganz gleich welcher Denomination. Zwischen den einzelnen Kirchen besteht an sich erst einmal kein dogmatischer Unterschied; auch sind die soziologisch

---

1 Dem widerspricht nur scheinbar die Auskunft von Ilg, Wolfgang, Jugendarbeit gestalten, Göttingen 2021: »Eine ›Theologie der Jugendarbeit‹ gibt es nicht.« (:28) Es gibt sie bisher noch nicht als etabliertes Reflexionsgebiet der akademischen Theologie. Das bedeutet aber nicht, dass nicht dennoch theologische Grundannahmen – mindestens unbewusst und implizit – die Praxis der Jugendarbeit immer schon steuern, wie bereits der alte Streit »zwischen einer missionarischen oder emanzipatorischen Ausrichtung« (ebd.) der Jugendarbeit beweist.

2 Forschungsverbund ForuM (Hg.), Abschlussbericht. Forschung zur Aufarbeitung von sexualisierter Gewalt und anderen Missbrauchsformen in der Evangelischen Kirche und Diakonie, Hannover 2024, 732–796 [abrufbar unter www.forum-studie.de; 21.11.2024]. Dies betrifft unter dem Stichwort »Schuld-Vergebungs-Komplex« (:758) auch das Herzstück des evangelischen Glaubens, die Rechtfertigungslehre.

bedingten Probleme (wie die Säkularisierung), von denen im Folgenden die Rede sei wird, in der Regel für alle mehr oder weniger dieselben. Dass ich selbst vom Standpunkt eines in einer evangelischen Landeskirche Deutschlands engagierten Theologen schreibe, wird vermutlich dennoch deutlich werden.

Das Werk des amerikanischen Praktischen Theologen Andrew Root (* 1974) zeichnet sich dadurch aus, dass er wie kaum ein Zweiter einen Beitrag zur theologischen Grundlegung der Jugendarbeit leistet.[3] Diese reflektiert er dabei auf dem Boden protestantischer Grundanliegen stets auch systematisch mit. Das macht ihn zu einem wichtigen Gesprächspartner für alle, die über eine Theologie der Jugendarbeit nachdenken. In meinem Beitrag, der ursprünglich eine *response* zu dem zugehörigen Vortrag von Andrew Root darstellte,[4] möchte ich so vorgehen, dass ich nach der Reflexion meiner eigenen Sozialisierung in der Jugendarbeit vor allem die Bedeutung des Theorems der Säkularisierung nach Charles Taylor (und über ihn hinaus) für Andrew Root und eine Theologie der Jugendarbeit – oder des *youth ministry*; wie dieser Ausdruck am besten zu übersetzen wäre, ist eine hochinteressante Frage für sich – nachdenken möchte.

Offenlegen des eigenen Standpunkts

Mit 13 Jahren wurde ich Mitglied der Jugendarbeit, die mein Vater – lutherischer Pastor und damals Leiter einer evangelischen Kommunität – aufgebaut hatte. Bereits mit 15 Jahren übernahm ich gemeinsam mit einem etwas älteren Mitarbeiter die Leitung einer eigenen Jugendgruppe und besuchte den lokalen Mitarbeiterkreis, der einen eigenen »Leitungskreis« hatte, in den ich einige Zeit später auch gewählt wurde. Die Jugendarbeit verstand sich selbst als biblisch, verbindlich und missionarisch; nicht zuletzt in Abgrenzung zu der eher offenen Jugendarbeit, die der Amtskollege meines Vaters leitete und die uns als ›liberal‹ galt (ein Schimpfwort für: vermeintlich ohne religiöses Anliegen). Dabei war der Hintergrund nicht eigentlich pietistisch, sondern beruhte eher auf dem für den Wuppertaler und Hermannsburger Evangelisten Olav Hanssen charakteristischen Amalgam aus Paulus, Platon und Existenzialismus (mit einem Schuss Ignatianischer Frömmigkeit).[5]

Als ich anfing, Theologie zu studieren, gab ich die wöchentliche Gruppenleitung weitgehend auf, blieb aber in der Betreuung von Freizeiten bis zu meinem 28. Lebensjahr aktiv. Danach beendete ich meine Aktivität dort. Über meine berufliche Tätigkeit,

---

3   Ich danke Andreas Jägers für zahllose Einzelhinweise zum Werk Andrew Roots.
4   Vgl. den Aufsatz »Jugendarbeit als Aufgabe, von Gott zu sprechen. Herausforderungen durch den immanenten Rahmen des Säkularen Zeitalter« in diesem Band.
5   Zu dieser lokal ziemlich einflussreichen und hochambivalenten Figur (und ihrer merkwürdigen Faszination für eine evangelische Wiederbelebung der alten Mönchstugend des Gehorsams) gibt es noch keine wissenschaftliche Literatur; die Biographien aus dem Umkreis der von ihm gegründeten Gemeinschaften, auf denen auch der Wikipedia-Artikel basiert (https://de.wikipedia.org/wiki/Olav_Hanssen; [21.11.2024]) gleichen eher Hagiographien.

als aktives Mitglied meiner Kirchengemeinde und als Vater blieb ich der kirchlichen Jugendarbeit verbunden, lernte dann aber theoretisch und praktisch noch zahlreiche andere Stile und Vorgehensweisen kennen.

Ich verdanke meiner aktiven Zeit in der Jugendarbeit viel: einen persönlichen Zugang zur Bibel, die Kenntnis zahlreicher neuerer geistlicher Lieder, die Fähigkeit, als Vorbeter im Gottesdienst zu fungieren, viele Freundschaften, und nicht zuletzt viele intensive Erlebnisse, die – je nach meiner wechselnden religiösen Gesamtbefindlichkeit – als ›Glaubenserfahrungen‹ oder als religiös verbrämte, tendenziell erotisch aufgeladene Gruppengefühle gerahmt werden können. Dass ich meine Tätigkeit dort beendete, lag nicht nur im Voranschreiten der Biografie, sondern hatte vor allem damit zu tun, dass ein Ambivalenzempfinden überhandnahm. Dabei kann man noch davon absehen, dass – im Nachhinein nüchtern betrachtet – ein Großteil meines Engagements weniger durch meinen starken Glauben motiviert war, sondern eher durch die Möglichkeit, in einem gut zugänglichen System einige Anerkennung (von *peers*, von meinem Vater) erlangen zu können. Vor allem wurden mir im Laufe meines Studiums die theologischen Probleme dieser Jugendarbeit immer deutlicher. Diese betrafen mindestens drei Aspekte (noch abgesehen von der benannten theologischen Gesamtausrichtung, an der auch viel anzufragen wäre):

- In dieser Jugendarbeit bestand die Schulung von ehrenamtlichen Mitarbeiter:innen vollständig in Bibelkunde und Methodik des überkommenen Gruppenstundenformats. Grundkenntnisse etwa in entwicklungspsychologischen und rechtlichen Fragen (oder auch nur Erste-Hilfe-Kurse) wurden nicht vermittelt.
- Es fand eigentlich keine Arbeit *mit* den Jugendlichen statt, sondern die gedankliche Marschrichtung stand immer schon fest: Was die Jugendlichen machten, dachten oder fühlten, war so lange erheblich, wie sie als mögliche Kandidat:innen für eine Karriere in der Jugendarbeit noch in Frage kamen. Ein Austritt aus dem ›Jugendkreis‹ hingegen wurde häufig als Enttäuschung erlebt (und so auch kommuniziert); die Beziehungen auch da, wo es möglich gewesen wäre, nicht wirklich weitergeführt. Im Zentrum stand die Frage der Selbstkontinuierung des Jugendarbeitssystems.[6]
- Einen Brennpunkt dieser Jugendarbeit bildete ein hochaufgeladener Begriff von ›Gemeinschaft‹. Als Aufbaumomente waren nicht nur das gemeinsame Singen und Beten anzusehen, sondern vor allem auch eine intensive Gesprächskultur. Zum einen wurden ›Glaubensspaziergänge‹ zu zweit unter *peers* sehr befördert (und häufig nicht so gut angeleitet). Zum anderen und wichtiger: Vielfach boten auch ältere Mitarbeitende intensive Zweiergespräche mit Jugendlichen an (oder forderten diese ein), und das ohne jeden theoretischen Hintergrund in Gesprächsführung oder Seelsorgetheorie. Das konnte so angesehen – und geschätzt – wer-

---

[6] Demgegenüber ist es sehr wohltuend zu sehen, dass sich heute die Einsicht durchgesetzt hat: »Wer nicht mehr kommen will oder aus zeitlichen [oder anderen; A.K.] Gründen eine Pause einlegt, darf wegbleiben. Es geht nicht um das Beste der Institution, sondern darum, was für die jeweiligen Jugendlichen das Beste ist.« (Ilg, Wolfgang, Jugendarbeit gestalten, Praktische Theologie konkret 4, Göttingen 2021, 39.)

den, dass Erwachsene die Jugendlichen ernstnehmen und sich aufrichtig nach ihrem Innenleben und speziell nach ihrem religiösen Ergehen erkundigen. Immer wieder wurde es aber auch als unangenehm und aufdringlich empfunden. Dabei kam es immer wieder auch zu Situationen, die als spirituell missbräuchlich anzusehen waren und sind: dass Jugendlichen ungefragt Ratschläge für ihr Leben gegeben wurden, dass für sie ohne ihre wirkliche Partizipation Lebenspläne und ›geistliche‹ Entwicklungsstufen entwickelt wurden, bis dahin, dass sich einige Leitungsfiguren anmaßten, ihr Gegenüber zu irgendwelchen Lebenswegen oder Studienrichtungen zu ›berufen‹. Durch diesen spirituellen Machtmissbrauch konnten viele Jugendliche nicht mehr unterscheiden, ob das alles eigentlich wirklich auch ihrer eigenen Idee von sich selbst entsprach. Vielen gelang das erst nach schwierigen Abgrenzungsprozessen.

So viel in aller Kürze zu dem Hintergrund, vor dem ich die folgenden Überlegungen anstelle. Theologisch wurde – um zum Thema dieses Beitrags zurückzulenken – in dieser Jugendarbeit implizit ein starkes Konzept von Säkularität in Anspruch genommen, das aus zwei Hauptkomponenten bestand: einmal der Wahrnehmung der Gegenwart, die immer stärker vom Glauben abfällt und deshalb (neu) mit der Botschaft Jesu Christi bekannt gemacht werden muss; zum anderen der Näherbestimmung dieses Abfalls als Zeit der Oberflächlichkeit und des Vagierens zwischen den vielen Möglichkeiten (»Postmoderne«), weswegen dem Begriff der »Entscheidung« eine wichtige Rolle zukam.[7] Demgegenüber zeichnet sich das Werk Andrew Roots durch einen hochdifferenzierten Umgang mit dem Theorem von der Säkularität aus, das nicht ohne Folgen für eine Theologie und mittelfristig auch für die Praxis der Jugendarbeit bleiben kann.

Die allgemeine Bedeutung der Taylorschen Säkularisierungstheorie für den kirchlichen Reformdiskurs

Für Andrew Root bedeutete die Beschäftigung mit dem Philosophen Charles Taylor eine echte neue Werkphase. Er hat insbesondere das Stichwort des »säkularen Zeitalters« aufgegriffen,[8] weil es ihm geeignet schien, bestimmte Motive, die in seinem Denken schon zuvor aktiv waren, klarer zur Geltung zu bringen.

Ein wichtiges Aufbaumoment, das Root von Taylor übernimmt, ist die Theorie der »Drei Säkularitäten«. Ich erinnere kurz an die Hauptpunkte:[9]

---

7 Vgl. dazu unten unter Punkt 3.
8 Vgl. dazu seine mehrteilige Buchreihe »Ministry in a Secular Age«, besonders: Root, Andrew, The End of Youth Ministry?, Grand Rapids 2020) und ders., The Pastor in a Secular Age. Ministry to People Who No Longer Need God, Grand Rapids 2019.
9 Vgl. die thetische Zusammenfassung bei Taylor, Charles, Ein säkulares Zeitalter, Frankfurt 2009, 11–16; zur Interpretation vgl. Höffe, Otfried, Hermeneutik und Säkularität (Einleitung), in: Kühnlein, Michael (Hg.): Klassiker Auslegen. Charles Taylor: Ein säkuläres Zeitalter, Berlin / Boston 2019, 17–29.

- Säkularität 1 meint die Differenzierung des bürgerlichen Rechtsstatus von einer bestimmten Religionszugehörigkeit, obwohl Letztere dennoch aus gesellschaftlichen Gründen sehr wichtig sein kann (wie häufig in den USA, wo man als erklärter nicht-religiöser Mensch kaum eine Aussicht auf ein höheres politisches Amt hat). Die Bürgerrechte hängen jedoch nicht mehr davon ab, ob man einer vorherrschenden Religion anhängt.
- Säkularität 2 besagt den gesellschaftlichen Rückgang der Kirchlichkeit und den damit einhergehenden Verlust an Einfluss, Relevanz und Finanzkraft der großen Kirchen.
- Säkularität 3 schließlich bezeichnet den Zustand, dass der Glaube selbst dauerhaft ›fragilisiert‹ ist, da das gesamte Leben unter den Bedingungen und innerhalb des »diesseitigen Rahmens« (*immanent frame*) stattfindet. Der Glaube selbst wird fragil und brüchig durch die bloße Anwesenheit so vieler weiterer Sinnpositionen, die ihn anfragen oder gar ersetzen wollen: Der Glaube selbst muss damit leben, sich permanent seiner eigenen Überflüssigkeit zu verdächtigen.[10]

Nach meiner Wahrnehmung ist in den meisten westdeutschen evangelischen Landeskirchen vor allem die Auseinandersetzung mit dem zweiten Typ von Säkularität das Hauptthema. Das kann man etwa an folgenden Phänomenen wahrscheinlich machen:

- der sehr häufigen Notwendigkeit von Gemeindefusionen, um finanziell halbwegs effiziente Strukturen aufrechterhalten zu können;
- dem Umstand, dass die Frage, ob ein Gottesdienst oder eine Gemeindegruppe als gelungen einzuschätzen ist, zumeist als Frage danach, wie viele Menschen daran teilgenommen haben, interpretiert wird (inklusive des geradezu selbstzerstörerischen Starrens auf die deutschlandweite 50 %-Marke hinsichtlich der Kirchenmitgliedschaft der Gesamtbevölkerung in einer der – gar nicht mehr so – großen Kirchen);
- der allseits begegnenden Forderung, die in der Kirche verantwortlichen Menschen sollten sich verstärkt überlegen, wie Kirche ›wieder relevant werden kann‹,[11] als könnte dies einfach so beschlossen werden.

Wahrnehmbar ist insbesondere die Spannung zwischen dem Anliegen, theologisch mehr oder weniger für die gesamte Gesellschaft da sein und eine Art spirituelle Grundversorgung leisten zu wollen, und der Sorge, genau dafür nicht mehr genügend Ressourcen zu haben: Kasualien, Verwaltung und Baufragen nehmen überhand. Dies wird von der Pastorenschaft als eine dauerhafte Überlastung erlebt; sie steht daher permanent in der Gefahr, in den Burn-out abzugleiten, denn wann hätte man je genug getan, um den Niedergang der Kirche aufzuhalten? »Die gegenwärtigen Um-

---

10 Vgl. zur Theorie der Fragilisierung: Wrathall, Mark, Our Fragilized World and the Immanent Frame, in: Kühnlein, Klassiker, 161–179.
11 Belege dafür bietet eine Internet-Suche mit den keywords »Kirche«, »Relevanz« zu Tausenden.

strukturierungsmaßnahmen in den Kirchen erzeugen viele tiefgehende Ängste, Aggressionen und Depressionen bei den Betroffenen.«[12]

Das ist alles in gewisser Weise völlig nachvollziehbar. Und dennoch gibt es daran auch ein unangemessenes Element, das sichtbar wird, sobald man die Situation mit der der Landeskirchen im Osten Deutschlands vergleicht.[13] Diese haben einen – staatlich stark mitbedingten, aber bereits vor der DDR und der Nazizeit einsetzenden – starken Mitgliederverlust bereits hinter sich und finden dennoch ihren Weg. Im Vergleich zu anderen Nichtregierungsorganisationen sind die Arbeitsbedingungen und die Stellensicherheiten in der Kirche nach wie vor beinahe paradiesisch. Das eigentliche pastoralpsychologische Problem unter den Bedingungen von Säkularität 2 dürfte mithin der Verlust von Status und Relevanzerleben sein; volkswirtschaftlich ausgedrückt: die Verlust- und Abstiegsangst hinsichtlich der eigenen Stellung in der Gesellschaft (ein Reputationsschwund, der sich langfristig auch finanziell niederschlagen könnte) und der sich darin ausdrückende Verlust von traditionaler Macht und Ansehen.

> Es tut sich hier eine interessante Parallele zur Situation des staatlichen Religionsunterrichts auf. Der Vergleichspunkt besteht darin, dass man unter dem Gefühl eines schleichenden Bedeutungsverlustes leidet und strategische Entscheidungen aus diesem Gefühl heraus trifft. Dort, wo er klassisch als konfessioneller evangelischer oder katholischer Unterricht durchgeführt wird, nehmen die Zahlen zum Teil dramatisch ab. Dort, wo er sich als offener, einladender Unterricht ›für alle‹ gibt (wenn auch ohne gesetzliche Grundlage), läuft es vielerorts ganz gut. Das Zauberwort, um diese beiden Trends auszugleichen, lautet »Kooperation«. Die Diskussionen um Formen konfessioneller oder gar interreligiöser Kooperation lassen sich m. E. aber bei näherem Hinsehen ebenfalls als eine Sorge vor Statusverlust interpretieren.[14] Denn während man den jüdischen Religionsunterricht dafür feiert, mit teilweise sehr kleinen Gruppen Identitätsbildung für ihre Jugendlichen zu betreiben, und muslimischen Unterricht aus sozialintegrativen Gründen auch in kleinen Gruppen für günstig hält, scheint es für den christlichen Religionsunterricht ausgeschlossen, dass man dauerhaft mit kleinen Gruppen arbeitet. Daher optiert man für ›Kooperationen‹ (oder – wie in Niedersachsen – gar für einen Unterricht in gemeinsamer Verantwortung von evangelischer und katholischer Kirche.) Diese werden aber häufig weniger aus inhaltlichen Gründen angestrebt, sondern um die Lerngruppengröße einigermaßen auf dem gewohnten Maß zu halten.

Hoffnung machen all diejenigen Pastor:innen, die es gar nicht mehr anders kennengelernt haben und die dennoch mit Lust ihrer Arbeit nachgehen: einer Arbeit übrigens, die sich immer noch deutlich von einem freikirchlichen Paradigma unter-

---

12 Klessmann, Michael, Das Pfarramt. Einführung in Grundfragen der Pastoraltheologie, Neukirchen-Vluyn 2012, 332. Vgl. auch Erichsen-Wendt, Friederike / Ruck-Schröder, Adelheid, Pfarrer:in sein, Göttingen 2022, 89–103.
13 Man könnte auch den Blick historisch zurück richten. Das Verhältnis von Pastoren und Gemeindegliedern war vor dem Ersten Weltkrieg zumindest in den Großstädten um ein Vielfaches ungünstiger als heute.
14 Vgl. Kubik, Andreas, Kooperation – Dekonstruktion einer religionspädagogischen Sehnsucht, in: Ders. u. a. (Hg.), Neuvermessungen des Religionsunterrichts nach Art. 7 Abs. 3. Zur Zukunft religiöser Bildung, Göttingen 2022, 317–333.

scheidet, insofern sie nicht auf die klar abgrenzbare Gruppe der Bekannten und das Wachstum der Einzelgemeinde setzt, sondern nach wie vor die Gesamtgesellschaft als Horizont mitdenkt und die möglichen spirituellen Anliegen von konfessionslosen Menschen in den Blick nimmt. Diese Gruppe kennt die Situation der Abstiegsangst gleichsam *nicht mehr* und kann mit der Situation von Säkularität 3 produktiv umgehen und in die theologische Arbeit einbauen. Es besteht hier eine Passgenauigkeit zu Taylors Interpretation von Säkularität. Dieser möchte ich mich nunmehr zuwenden, aber auch noch etwas ergänzen.

Zur Einschätzung der Taylorschen Säkularität 3

In Bezug auf die pastoraltheologische Ausmünzung von Säkularität 3 möchte ich zwei Punkte vorschlagen, die auf der Linie von Andrew Root weiterdenken, aber zumindest im zweiten Fall auch einen gewissen Einwand bedeuten.

Fragilisierung

Der Begriff der »Fragilisierung« scheint mir in der Tat ein äußerst hilfreicher Begriff zu sein. Wichtig ist dabei, dass er nicht von vornherein als Ausdruck für eine Verlustgeschichte aufgefasst wird: Wie überhaupt die Säkularisierung nicht einfach eine Zeit zunehmenden Unglaubens ist, sondern für die christliche Religion selbst auch allerlei Freiheitsgewinn bedeutet, so bedeutet das Fraglichwerden des Glaubens ebenso eine Ambivalenz und keinen eindeutigen Verlust. Denn die vor-fragile Zeit des Christentums ist ja zunächst einmal nur die Zeit seiner kulturellen Unbefragtheit, keineswegs aber unbedingt die Zeit einer innigen Gottesbeziehung oder eines kulturellen Lebens aus Glaubensfülle heraus (wie Pietismus und Aufklärung je auf ihre Weise deutlich gemacht haben). Dass der Glaube seine eigene Fraglichkeit immer schon mit sich bringt, wissen bereits zahlreiche biblische Schriftsteller (vgl. nur etwa Ps 73,2–16; Pr 2,1–23; Mk 9,14–29). Daher sollte der Begriff »Fragilisierung« auch nicht von vornherein mit einer Art existenzialistischer Schwere aufgeladen werden, wie es hier und da bei Root der Fall zu sein scheint. Denn der Begriff der »Fragilisierung« hat ja stets dies zu seiner Kehrseite, dass auch der Unglaube fragilisiert ist. Die Option einer ›harten Säkularität‹ ohne jede Form von Transzendenzoffenheit ist nur in bestimmten, kleinen Milieus wirklich normalisiert.[15]

Ich würde an dieser Stelle noch einen Schritt weitergehen und behaupten, dass die Differenz zwischen Glaube und Unglaube in unserer soziokulturellen Lage über-

---

15 Sprechend eine Passage aus dem kürzlich erschienenen Erfolgsroman von Löhle, Edith, Bible Bad-Ass, Graz 2024: »An nichts zu glauben würde mich also mit einem Hungergefühl zurücklassen. Mit einem unbefriedigenden Nichts. Aber: Der Gedanke an die Kirche fühlt sich für mich an wie eine vergorene Milch, längst abgelaufen und so nicht mehr genießbar.« (101f).

haupt wenig Erklärungskraft hat. Wenn ich mit meinen Studierenden über diese Thematik spreche, pflege ich ihnen zu sagen (es ist freilich eine didaktische Zuspitzung eines komplexen religionssoziologischen Zusammenhangs): 10 % sind in Deutschland wirkliche Hochreligiöse, 10 % sind hartgesottene Säkularisten. Die 80 % dazwischen bilden ein Spektrum, das sich in Bezug auf Glauben oder Unglauben nicht klar einteilen lässt. Sie sind alle mehr oder weniger: ansprechbar; erfreut über gute, frustriert von schlechten Begegnungen mit der Kirche; nach wie vor mit Resonanzen, wenn jemand den richtigen Ton trifft; offen, wenn es sich ergibt; zumindest zu einer Mitarbeit auf Zeit bereit, wenn es von der Sache her einleuchtet; nur dort gegen Kirche und Glauben, wo es auch gute Gründe dafür gibt. Den religiösen Stil dieser 80 % würde ich, müsste ich ihn in einem Wort zusammenfassen, als *tentative Religiosität* bezeichnen. Tentative Religiosität wäre nicht mit einer vermeintlich rein individualisierten Religiosität zu verwechseln. Tentative Religiosität ist »zögerndes Geöffnetsein« (Siegfried Kracauer),[16] eine Frömmigkeit unter Vorbehalt, auf Zeit; ein Glauben, den man einmal ausprobiert, der durchaus mit einer ›Suche nach Mehr‹ einhergehen, aber auch mit einer Halbdistanz ganz zufrieden sein kann. Daher hat diese tentative Religiosität auch nur wenig damit zu tun, ob jemand Kirchenmitglied ist oder nicht.

Darüber hinaus denke ich, man kann denselben Umstand auch unter freikirchlichen Paradigmen rekonstruieren. Ob heute, zumal in der Jugendarbeit, noch stark mit dem fragwürdigen Begriff der »Entscheidung« operiert wird (der seine Popularität im 20. Jahrhundert m. E. eher der philosophischen Gesamtlage als seiner dünnen biblischen Grundlage verdankt[17]), entzieht sich meiner Kenntnis.

> Es ist mir nie recht deutlich geworden, wie der Begriff der »Entscheidung« evangelisch eigentlich gedacht werden soll. In der bis zur Unangemessenheit vereinfachten Fassung, die man landläufig in religions- und gemeindepädagogischen Zusammenhängen zu hören bekommt, klingt es häufig so, als hinge das ewige Heil an der eigenen Entscheidung: Gott biete das Heil an, und nun müsse man sich eben dafür entscheiden. Das kann man kaum anders denn als Werkgerechtigkeit ausdeuten. Will man den Begriff überhaupt retten, so kann er doch nichts anderes besagen als ein Einstimmen in die Evidenz einer Entscheidung, die Gott getroffen hat, nämlich mich (das jeweilige glaubende Mich) zu erlösen. Die Attraktivität der Vorstellung, Gott warte gleichsam gespannt auf das Ergebnis der ›Entscheidung‹ des Menschen, um diesen im negativen Falle der ewigen Qual auszuliefern, hat mir nie eingeleuchtet.

Doch selbst wenn man einer Theorie der Glaubensentscheidung im engeren Sinne anhängt,[18] wird man doch davon ausgehen, dass es einen Unterschied macht, wenn man sich vorstellt, dass Menschen auf dem Weg zu einer solchen sind und sich gleich-

---

16 Vgl. dazu Osthövener, Claus-Dieter, Erscheinungsformen der Frömmigkeit in der klassischen Moderne, in: Kubik, Andreas (Hg.) Protestantismus – Aufklärung – Frömmigkeit, Göttingen 2011, 133–152.
17 Das Internetlexikon »Wibilex« hat inzwischen mehrere Tausend Einträge; ein Lemma »Entscheidung« ist nicht darunter.
18 Vgl. einführend Honecker, Martin, Wege evangelischer Ethik. Positionen und Kontexte, Freiburg 2002, 29–44; für den religionspädagogischen Kontext die sehr differenzierten und nüchternen Ausführungen von Lorenzen, Stefanie, Entscheidung als Zielhorizont des Reli-

sam im Vorhof des Glaubens bewegen könnten. Ich denke, dass diese Überlegung auch einen jesuanischen Anhalt hat, insofern Jesus Menschen, die verständige und im Sinne Gottes gute Dinge sagen können, zusprach: »Du bist nicht ferne vom Reich Gottes« (Mk 12,34). Fromm gesprochen: Der Heilige Geist kann auch *unter den Bedingungen von* und *in* der Säkularität 3 wirken.

Religions-, Christentums- und Kirchenkritik

In anderer Hinsicht geht mir die Theorie der Fragilisierung nicht weit genug. Ich denke, sie besteht nicht nur darin, dass unser aller Glaube stets vom Zweifel angeweht und mit ihm durchmischt ist. Wir leben nicht nur im Zweifel darüber, ob der Glaube wahr ist, sondern sogar im Zweifel darüber, ob er überhaupt etwas *Gutes* ist. In dieser Überlegung hatte bereits die klassische Religionskritik ihre eigentliche Spitze, indem sie nicht nur den illusionären Charakter der Religion, sondern auch ihre letztlich fatalen Folgen für das Menschengeschlecht darlegen wollte (so zumindest bei Karl Marx und Friedrich Nietzsche). Wenn sich diese auch niemals gänzlich durchgesetzt hat, so hat doch zuletzt der Skandal von sexualisierter Gewalt in der Kirche dafür gesorgt, dass sich die Kirchen auf Jahre, wenn nicht Jahrzehnte hinweg als Moralagenturen selbst aus dem Spiel genommen haben.[19] Man kann natürlich sagen: Um Moralagenturen geht es auch nicht, sondern um die Verkündigung des Evangeliums. Aber auch diese kann nur in sozialen Zusammenhängen erfolgen und schlägt sich in der ethisch-kulturellen Ausformung eines christlichen Zusammenlebens nieder. Und eben dies ist in seiner Ambivalenz, in seiner Fragwürdigkeit offenkundig geworden.

Man kann das wie folgt zuspitzen: Auf der einen Seite sind bestimmte Basislehren des Christentums längst Teil der allgemeinen ethischen Überzeugung (z. B. Menschenwürde, soziale Verantwortung, Gewissensorientierung). Auf der anderen Seite gilt: Wenn Pastor:innen keine Vorbilder sind, wenn religiöse Menschen vielfach eher als Paradebeispiele für Heuchelei und Bigotterie gelten; wenn nicht Sorge dafür getragen wird, dass Jugendliche in kirchlichen Räumen sicher sind (gerade dann, wenn sie sich spirituell öffnen!), dann ist es fraglich, was die Kirche eigentlich meint, in ethischer Hinsicht beitragen zu können.

Es ist daher in meinen Augen fast noch zu harmlos, wenn man sagt, der Zweifel sei der Normalfall. Zum *secular age* gehört in meinen Augen auch die grundsätzliche Vermutung, dass uns der christliche Glaube in spiritueller wie moralischer Hinsicht nichts (mehr) mitzuteilen und als Grundlage der Lebensorientierung ausgedient hat.

Das hat zur Konsequenz, dass die Lage nicht – oder allenfalls in sehr abgeleiteter Weise – als Verkündigungssituation einzuschätzen ist. Vom biblischen Begriff des

---

gionsunterrichts? Religiöse Positionierungsprozesse aus der Perspektive junger Erwachsener, Stuttgart 2020.
19 Oder soll man sagen: seine Aufdeckung? Es gibt zahlreiche Hinweise darauf, dass sexualisierte Gewalt in der Kirche eine jahrhundertelange Geschichte hat, dass es aber erst in den letzten Jahren eine angemessene Sprache und eine hinreichende Aufmerksamkeit für diesen Skandal gibt – auch dies eine positive Folge der Säkularisierung!

Kerygma her bedeutet *Verkündigung* die Mitteilung einer Botschaft einer höheren Instanz in ihrer absoluten Neuigkeit und Unausweichlichkeit. Nun könnte man zwar argumentieren, dass gerade heute viele Menschen die biblische Botschaft eben noch nicht gehört, oder präziser gesagt: noch nicht *richtig* gehört hätten. Aber tatsächlich meinen viele Menschen, im Gegenteil nachgerade genug davon gehört zu haben, und haben sich ihre Meinung – sie mag nun zutreffen oder nicht – über den christlichen Glauben bereits gemacht. Dann aber wird aus der frischen Verkündigung ein unappetitliches Konglomerat aus Richtigstellen, Erläutern, Aneinander-Vorbeireden und Sich-gegen-Missverständnisse-Verwahren. Ich denke, ohne ein geeignetes Umfeld sind ein Erleben des Glaubens und eine gute Kommunikation des Glaubens eigentlich nicht mehr möglich. Und eben diese Qualität des Umfeldes ist es, die durch die Aufdeckung des Skandals der sexualisierten Gewalt in der Kirche in Frage gestellt ist.

Ich möchte deshalb ein anderes Bild anbieten: Die Kirche ähnelt im Grunde eher einem großen Tonkrug, der in viele Scherben zerbrochen wurde. Kirchliche Jugendarbeit heißt in diesem Zusammenhang: gemeinsam mit Jugendlichen die Scherben besehen und überlegen, ob man mit ihnen noch etwas anfangen möchte. Und dabei kann es dazu kommen, dass Jugendliche die Scherben auf sehr eigenartige und eigensinnige Weise verwenden und zusammenstellen. Eine sehr beeindruckende Stelle in einem neueren Text von Andrew Root berichtet von dem pastoralen Gefühl der Verlorenheit, das Eugene Peterson trotz oder gerade wegen seiner psychologischen Zusatzausbildung beschlich und er schließlich ein Gemeindeglied, das zur Seelsorge bei ihm war, fragte: »Is there anything you want me to do?«[20] Deutlich klingt in dieser Frage ein biblischer Hintergrund an. Gemäß dem Markus-Evangelium fragt Jesus einmal den blinden Bartimäus, der ihn gerufen hatte: »Was willst du, dass ich für dich tun soll?« (Mk 10,51a) Gerade beim scheinbar Offensichtlichsten nimmt Jesus sich die Zeit, entscheidet nicht über den Kopf seines Gegenübers hinweg, was dieser ›eigentlich‹ braucht, sondern klärt gewissermaßen den Auftrag gemeinsam mit diesem ab.

Ein wenig von dieser Frage ist auch für das Nachdenken über eine Theologie der Jugendarbeit zu sichern. Denn es ist in Wahrheit eben nicht (mehr) klar, was die Menschen religiös wollen oder was wir für sie tun sollen. In dem eben benannten Text schlägt Root das Gebet als geforderte Praxis vor.[21] Gemäß der hier vorgetragenen Erörterung wird es vor allem auch ein Gebet um Klarheit sein müssen, wie wir mit den Jugendlichen gemeinsam an der Sichtung des Scherbenhaufens arbeiten können.

---

20 Root, The Pastor, 280.
21 Dies wird in den Zusammenhang gebracht, dass die Gesprächspartnerin von Eugene Peterson ihn bat, sie beten zu lehren. Dies begreift er dann als seine zentrale Aufgabe. Interessanterweise führt das auf der einen Seite dazu, dass Peterson für sich den Schluss zieht: »I was not going to wait to be asked anymore.« (Zit. nach Root, The Pastor, 281). Das Gebet, so will es scheinen, ist immer richtig. Auf der anderen Seite hat Root in einem Vortragsmanuskript, das diese Buchpassage aufgreift und variiert, gerade den Passus darüber, dass Peterson nicht mehr warten will, bis er gefragt wird, getilgt. Insofern Root vor allem das Gebet darum, dass *Gott* handeln möge, vor Augen hat, mag diese gewisse Spannung darin aufgelöst sein.

Mit dieser Arbeit hängt die Frage zusammen, wie Mitarbeitende in der Jugendarbeit eigentlich die Jugendlichen von heute wahrnehmen und das, was diese bewegt (man könnte auch sagen: ihre Sinnposition), näherhin reflektieren. An dieser Stelle scheint mir ein kritischer Einwand gegen Root nötig.

Ein kritischer Einwand zur Idee der »Sinnlücke« und die Herausforderung theologischer Kulturhermeneutik

Eins vorweg: Der amerikanische Schreibstil, wie ihn Andrew Root für die Theologie beinahe perfektioniert hat, funktioniert an vielen Stellen bewunderungswürdig gut. Er trägt mit seinen Anleihen bei der Eleganz der Feuilletons sehr zur Lesbarkeit der Texte bei, ohne dass dies auf Kosten des Inhalts gehen würde. An einer Stelle würde ich den darin enthaltenen Gedanken dennoch ein wenig differenzieren. Sie betrifft ein – auch in Deutschland sehr verbreitetes – Masternarrativ in Bezug auf die Sinnausstattung von heutigen Menschen, insbesondere Jugendlichen, und ist daher auch für eine Theologie der Jugendarbeit von großem Belang.

Masternarrativ: Sinnlücke

Dieses Masternarrativ kann etwa wie folgt wiedergegeben werden: Die moderne Welt seit der Aufklärung habe systematisch einen Abbau hergebrachter Sinnressourcen betrieben. Dadurch sei eine Sinnlücke entstanden, die mal mehr, mal weniger stark empfunden werde. Immer wieder im Leben gebe es aber Zeiten, in denen sich ein »nagging feeling of loss«[22] melde. Langeweile und ein generelles Gefühl, dass nichts eigentlich wirklich wichtig sei, kämen als begleitende Stimmungen zu stehen. Wo es gut liefe, könne sich die Sinnlücke immerhin noch zu dem Wunsch oder der Hoffnung nach ›Mehr‹ verdichten. Was die Sinnlücke so dramatisch mache, sei die Anfälligkeit dafür, dass die Sinnlücke mit allerlei Pseudo-Spiritualität aufgefüllt würde. Aber selbst dort, wo dies nicht gemacht würde, würden andere, nicht-spirituelle Größen in die Lücke eintreten, die allerdings von vornherein nicht groß genug sind, um das Sinnbedürfnis zu befriedigen: Sportbegeisterung, alternative Rituale, Einsatz für die Umwelt usw. Unschwer ist hier das zu entdecken, was in der Religionssoziologie unter dem Titel der »impliziten Religion«[23] verhandelt wird.

---

22 Root, Andrew, Adolescence and the Creation of the Secular Age of Unbelief, https://reformedjournal.com/adolescence-creation-secular-age-unbelief-2/ [21.11.2024].
23 Vgl. Thomas, Günter, Implizite Religion. Theoriegeschichtliche und theoretische Untersuchungen zum Problem ihrer Identifikation, Würzburg 2001; zum Themenkreis vgl. ferner auch Kubik, Andreas, Theologische Kulturhermeneutik impliziter Religion. Voraussetzungen und Implikationen eines praktisch-theologischen Paradigmas der Spätmoderne, Berlin/Boston 2018, 13–39.

Eine sehr originelle Zusatzbeobachtung Roots sei an dieser Stelle auch noch angeführt. Als gemeinsamer Faktor der implizit-religiösen Größen wird die Suche nach Authentizität namhaft gemacht. Diese Suche habe aber eine ökonomische Grundierung: Sie sei ein typisches Mittelklasse-Phänomen, und deshalb sind es der Aufstieg und die Ausweitung der Mittelklasse (in den USA), die dazu geführt haben, dass sich der »immanent frame« im Sinne Taylors durchgesetzt habe. Denn erst die breite Mittelklasse hat auf der einen Seite genügend Ressourcen, um sich der reinen Sinnerfüllung im Diesseits zu verschreiben, auf der anderen Seite ist sie aufgrund ihrer starken Arbeitsimperative so fremdbestimmt, dass die Sehnsucht nach authentischem Selbstausdruck und Selbstverstehen beinahe notwendig wird.

Wie ist diese Beschreibung einzuschätzen? Man kann zunächst sagen, dass die Moderne in gewisser Hinsicht tatsächlich als struktureller Abbau von Sinnfülle gedeutet werden kann.

> Beispiel: Wenn ein Blitz eben nur ein elektrisches Phänomen ist und nicht mehr religiös gedeutet wird, mag das angemessen sein, aber der Sinnkosmos, der die religiöse Deutung ermöglichte, wird dadurch obsolet. Damit ist noch nichts darüber ausgesagt, wie dieser Vorgang zu bewerten ist – aber sicherlich wäre es absurd, am Glauben an eine transzendente Welt, die durch Blitze mit uns kommuniziert, festzuhalten, nur weil sonst eine Sinnlücke entsteht.

Ferner leuchtet die ökonomische Grundierung der Theorie von der Sinnlücke ebenfalls ein; sie passt auch zur generellen Mittelschichtsorientierung vieler Kirchen überhaupt. Das Problem jedoch scheint mir die vorlaufende Wertung der implizit-religiösen Phänomene als »pseudo-spirituell« oder gar als »Illusion« zu sein, und zwar aus drei Gründen:

- Erstens ist die Moderne nicht nur eine Zeit des Sinnabbaus, sondern auch eine Zeit, die Begegnungen mit ungeahnten Sinnmöglichkeiten eröffnet hat – nicht zuletzt im Kontext der modernen Medienentwicklung. Theorien eines Pluralismus haben gerade darin ihre Pointe.[24] Deshalb begleitet das Christentum in der Moderne wie ein Schatten die Versuchung, die ›neue Unübersichtlichkeit‹ (Jürgen Habermas) zurückdrehen zu wollen, indem man die anderen Sinnmöglichkeiten (weitgehend unbesehen) abwertet.
- Zweitens ist diese Deutung nicht sensibel gegenüber den Eigenintentionen der Akteure. Wer gern Yoga praktiziert oder sich in der Umweltbewegung engagiert,

---

24 Dies betont auch Charles Taylor; vgl. dazu Braune-Krickau, Tobias, Charles Taylors religionsphilosophische Rehabilitierung der christlichen Religion in Ein säkulares Zeitalter, in: NZfSTh 53 (2011), 357–373. Dies bezieht sich nicht nur auf die emanzipatorischen Qualitäten eines Einspruchs gegen die christliche Sinndeutung, sondern vor allem auf die Begegnung mit allen möglichen Weltanschauungen, Künsten, Religionen usw. Bei Taylor neigt sich die Ambivalenz zwischen der »Gewissheit des eigenen Freiheitsgewinns [und dem] diffuse[n] Gefühl für einen erlittenen Verlust« (Seibert, Christoph, Modernes Unbehagen, Entwicklung der Nova, Fragilisierung des Glaubens, in: Kühnlein, Klassiker, 91–107, hier: 95) alles in allem doch eher der zweiten Seite zu. Man kann auch sagen: Das macht einen Teil des Katholischen dieser Theorie der Moderne aus.

wird dies unter Umständen als hochgradig sinnvoll empfinden und sich nicht von der christlichen Theologie erklären lassen wollen, das sei alles nur ›pseudo‹ oder Ausflucht vor dem Empfinden der Sinnlücke.
- Drittens – und in unserem Zusammenhang am wichtigsten – befördert diese Deutung das Missverständnis, als sei Sinnkommunikation das alleinige und sich im Erbbesitz befindliche Vorrecht der Kirche. Es macht ja gerade den eigentlichen Ursprung der Moderne aus, dass die Kultur der Kirche dieses Vorrecht streitig macht und sie zu bloß *einem* Anbieter von Sinn herabstuft. Jene falsche Auffassung ist für die Jugendarbeit – und alle kirchliche Arbeit – deswegen so fatal, weil sie das Grundgefühl erzeugt, *eigentlich* müssten doch alle, die die Sinnlücke empfinden, gleichsam von selbst zur Kirche kommen (oder zurückkehren). Dass sie es dann überwiegend doch nicht tun, erzeugt Irritation, Unverständnis, üble Laune: alles nicht sehr nützlich für eine schwungvolle Jugendarbeit.

Es ist ja gar nicht zu bestreiten, dass es im Zusammenhang jener implizit religiösen Phänomene unendlich viele Seltsamkeiten gibt (wie allerdings innerhalb der Kirche auch). Dennoch verbietet sich jene vorlaufende Wertung, als sei es immer schon klar, dass alle außerkirchliche Sinnkommunikation nicht das erreichen kann, was sie will.

Theologische Kulturhermeneutik

Wie aber stehen wir kirchlich dann zu der Sinnkommunikation, die außerhalb der Kirche an unterschiedlichsten Orten stattfindet? Das ist die große Frage, der sich das Forschungsfeld der »Theologischen Kulturhermeneutik« widmet.[25] In ihm versuchen wir, all das verstehend zu durchdringen, von dem wir das Gefühl haben, dass es die Kommunikation des christlichen Glaubens in irgendeiner Form tangiert. In ihr stellen wir uns die theologische Aufgabe, all das, was Jugendliche an Sinnkommunikation heute generieren, zu besehen, zu durchdringen und es vom christlichen Standpunkt aus zu bewerten. Dazu gehören etwa (ohne Anspruch auf Vollständigkeit): der popkulturelle Kosmos aus Filmen, Songs, Serien, Jugendliteratur, Werbung usw.; der jugendliche *lifestyle* mit seinen unterschiedlichen ethischen Bemühungen (z. B. im Beziehungsleben); die Bewegungen und Proteste, die Jugendliche ansprechen und vieles andere mehr. Dies alles kann nach seinen Sinn-, Wert- und Zweckintentionen interpretiert werden (und zwar möglichst nah am Phänomen selbst, nicht an den christlichen Voreinstellungen). Um in die richtige Haltung des Verstehens zu kommen, ist es günstig, sich zu erinnern, dass auch die interpretierende Instanz selbst (also Sie, liebe Leserin und lieber Leser) ihre eigenen Sinnwelten zumindest teilweise aus vergleichbaren Phänomenen speisen lässt. Diese Überlegung kann vor-

---

25 Vgl. Kubik, Kulturhermeneutik; aus dem evangelikalen Bereich Vanhoozer, Kevin J., What Is Everyday Theology? How and Why Christians Should Read Culture, in: Ders. u. a. (Hg.), Everyday Theology. How to Read Cultural Texts and Interpret Trends, Grand Rapids 2007, 15–60.

beugen, allzu schnell ins Abqualifizieren oder in das Aufbauen künstlicher Gegensätze zu verfallen.

Im Anschluss an Überlegungen von Paul Tillich lassen sich drei Grundfunktionen theologischer Kulturhermeneutik identifizieren:[26]

- Die erste ist die apologetische Funktion. Sie wird erfüllt, wenn der Kulturgegenstand verstanden und mit der christlichen Sinndeutung in ein hermeneutisches Wechselspiel gebracht wird, bei dem sich sowohl eine christliche Meinung über den Kulturgegenstand bildet als auch das Christliche neu justiert wird. Sofern in diesem Prozess bleibende Widersprüche oder Konkurrenzen entdeckt werden, steht auch eine Verteidigung des Christlichen als Aufgabe an. Dieser Vorgang findet mindestens implizit *immer* dann statt, wenn das Christentum auf einen Kulturgegenstand trifft, von dem es sich in irgendeiner Weise tangiert oder gar herausgefordert fühlt; er besagt hingegen nicht, dass das Christentum abgesehen von seinem eigenen Bedürfnis nach Selbstverständigung eine richtende Funktion in Bezug auf den Kulturgegenstand hätte.[27]
- Die zweite Funktion ist die aufnehmend-lernende; hier wird danach geforscht, was das Christentum von dem Kulturgegenstand lernen kann, was es von ihm aufnimmt, ohne sich dabei selbst zu verlieren.
- Die dritte Funktion schließlich ist die kooperierende. Das Christentum erwägt, an welchen Stellen eine Zusammenarbeit mit dem jeweiligen Kulturgebiet möglich, ja wünschenswert ist – und zwar auf Augenhöhe, so, dass beide Seiten sich als sich selbst in diesen Prozess einbringen.[28] Dies ist besonders in Bildungszusammenhängen ein interessanter Punkt, falls sich christliche Jugendarbeit nicht als vollkommen autark setzen will (wofür nichts spricht).[29]

So wie dies hier im Allgemeinen geschildert wird, so spielen sich all diese Prozesse auch dann immer schon ab, wenn die kirchliche Praxis der Jugendarbeit auf Einstellungen, Praktiken und Deutungsmuster von Jugendlichen trifft. Nur wird, wenn theologische Kulturhermeneutik betrieben wird, dieser Vorgang auf eine methodische Basis gestellt[30] und dadurch in anderer Weise diskutierbar.

---

26 Vgl. Kubik, Kulturhermeneutik, 141–146. 343–353.
27 Bekannte Beispiele für diesen abstrakt klingenden Sachverhalt sind etwa die Begegnung der europäischen christlichen Liturgik mit der Popmusik oder die Bedeutung des Aufkommens der Psychotherapie für die Seelsorge. Hier hat sich jeweils – nach anfänglichen großen Irritationen – jeweils ein Verständnis herausgeschält und dabei auch das Christliche neu justiert.
28 Um in den Beispielen zu bleiben: Manche Personen können von einer Kooperation von Therapie und Seelsorge profitieren, bei der beide Seiten um ihre eigenen Stärken und Grenzen wissen. Kirchen können als Konzertsäle dienen; die sich u. U. einstellende sakrale Aura kommt dem Popkonzert zugute, wie umgekehrt Berührungsängste vor der Kirche abgebaut werden und der musikalische Horizont der Kirche erweitert werden kann.
29 Vgl. Kubik, Andreas, Kirche als Bildungsträgerin und Bildungspartnerin, in: Praxis Gemeindepädagogik. Zeitschrift für evangelische Bildungsarbeit 74-3 (2021), 10–11.
30 Vgl. zum methodischen Vorgehen im engeren Sinn Fermor, Gotthard, Religion entdecken. Ein methodischer Leitfaden, in: Schroeter-Wittke, Harald (Hg.), Popkultur und Religion.

Von der Theologischen Kulturhermeneutik jugendlicher Lebens- und Sinnwelten wäre noch einmal die Hermeneutik der Phase der Adoleszenz selbst zu unterscheiden: Was besagt die Adoleszenz kulturell? Was bedeutet es für unsere Kultur, eine Adoleszenz zu denken? Welchen Orientierungswert hat die Phase Adoleszenz für die Kultur insgesamt? Hierzu hat Andrew Root äußerst anregende Ideen vorgestellt.[31] Schon wie man allgemein den Ausdruck »Adoleszenz« konzeptualisiert und wie man im Allgemeinen darüber denkt, ist kulturell tief imprägniert. Warum ist Adoleszenz der geheime Leitstern des kulturellen Lebens? Ist es möglicherweise nicht nur die Jugendlichkeit als solche, sondern vielleicht das Ineinander materieller Ressourcen und die Abgrenzung von einem platten Materialismus, den die Adoleszenzphase so attraktiv macht? Dies bräuchte freilich eine intensivere, eigene Beschäftigung mit dieser Thematik.[32]

Schluss

Es klingt angesichts der schwierigen Lage der Kirchen paradox zu sagen, aber in meinen Augen ist die Kirche heute so gut, wie sie es hierzulande lange nicht (wenn überhaupt je) war. Wer über den Rückgang der Kirchlichkeit – was auch immer damit genau gemeint sein soll – klagt, sollte angeben, in welcher Zeit der Kirche sie oder er lieber gelebt hätte; und warum. Der Abbau von traditionaler Macht tut der Kirche gut. Er ist letztlich auch für die Jugendarbeit ein Gewinn. Denn dieser Sachverhalt eröffnet zunächst ein Forum der Selbstkritik und vor allem des Annehmens der Kritik von außen. Die Zustände der Kirche können so genauer und realistischer in den Blick genommen werden. Er eröffnet dann auch die Möglichkeit, noch einmal neu zu überlegen und sensibel hinzuhören, was Jugendliche heute brauchen und was die Kirche ihnen geben kann, wenn es nicht mehr vor allem um den Erhalt traditionaler Strukturen geht.

Dies ist möglich, weil eben unter den Bedingungen von Säkularität 3 Glaube und Unglaube miteinander fragil werden. Jugendarbeit kann dann nicht heißen: Die einen (die Erwachsenen, die Mitarbeitenden, die Kirchlichen) haben es, die anderen (die Jugendlichen) kriegen es, sondern es kann nur heißen: Wir stellen einen Raum zur Verfügung, in dem wir uns gemeinsam die Scherben des Glaubens besehen und schauen, wo und wie wir welche von ihnen in unser fragiles Leben einfügen wollen.

Persönlich habe ich den Eindruck: Wo dies mit Offenheit, Sensibilität und zugleich einer gelehrten Neugierde darüber, was am Christentum nach wie vor – oder noch mal ganz anders – ansprechend und wichtig sein könnte, in der Jugendarbeit angegangen wird, entstehen häufig ganz wunderbare Dinge. Eben Paradoxes (Lk 5,26). Man darf nur nicht meinen, dass die spirituelle Fragilisierung von selbst dazu führt,

---

Best of..., Jena 2009, 433–439; Kubik, Andreas, Wahrnehmung der Lebenswelt und Kulturhermeneutik als theologische Aufgabe. Anzeige einer Baustelle, in: Kumlehn, Martina u. a. (Hg.), Lebenswissenschaft Praktische Theologie?! Berlin / New York 2011, 113–145, hier: 139–145.

31 Vgl. Root, Adolescence.
32 Vgl. dazu einleitend Gennerich, Carsten, Die Jugendlichen und ihr Verhältnis zu Glaube, Religion und Sinnsuche, Stuttgart 2023.

dass die Menschen sich wieder zur Kirche wenden – oder auch nur, dass diese ein Recht darauf hätte.

Literatur
Braune-Krickau, Tobias, Charles Taylors religionsphilosophische Rehabilitierung der christlichen Religion in Ein säkulares Zeitalter, in: NZfSTh 53 (2011), 357–373.
Erichsen-Wendt, Friederike / Ruck-Schröder, Adelheid, Pfarrer:in sein, Praktische Theologie Konkret 5, Göttingen 2022.
Fermor, Gotthard, Religion entdecken. Ein methodischer Leitfaden, in: Schroeter-Wittke, Harald (Hg.): Popkultur und Religion: Best of …, Jena 2009, 433–439.
Forschungsverbund ForuM (Hg.), Abschlussbericht. Forschung zur Aufarbeitung von sexualisierter Gewalt und anderen Missbrauchsformen in der Evangelischen Kirche und Diakonie, Hannover 2024, [www.forum-studie.de, 21.11.2024].
Gennerich, Carsten, Die Jugendlichen und ihr Verhältnis zu Glaube, Religion und Sinnsuche, Stuttgart 2023.
Höffe, Otfried, Hermeneutik und Säkularität (Einleitung), in: Kühnlein, Michael (Hg.): Charles Taylor. Ein säkuläres Zeitalter, Klassiker Auslegen 59. Berlin / Boston 2019, 17–29.
Honecker, Martin, Wege evangelischer Ethik. Positionen und Kontexte, Studien zur theologischen Ethik 96, Freiburg 2002.
Ilg, Wolfgang, Jugendarbeit gestalten, Praktische Theologie konkret 4, Göttingen 2021.
Klessmann, Michael, Das Pfarramt. Einführung in Grundfragen der Pastoraltheologie, Neukirchen-Vluyn 2012.
Kubik, Andreas, Kirche als Bildungsträgerin und Bildungspartnerin, in: Praxis Gemeindepädagogik. Zeitschrift für evangelische Bildungsarbeit 74 (2021/3), 10–11.
Kubik, Andreas, Kooperation – Dekonstruktion einer religionspädagogischen Sehnsucht, in: Kubik, Andreas / u. a. (Hg.): Neuvermessungen des Religionsunterrichts nach Art. 7 Abs. 3. Zur Zukunft religiöser Bildung, Göttingen 2022, 317–333.
Kubik, Andreas, Theologische Kulturhermeneutik impliziter Religion. Ein praktisch-theologisches Paradigma der Spätmoderne, Berlin / Boston 2018.
Kubik, Andreas, Wahrnehmung der Lebenswelt und Kulturhermeneutik als theologische Aufgabe. Anzeige einer Baustelle, in: Kumlehn, Martina, u. a. (Hg.): Lebenswissenschaft Praktische Theologie?!, Berlin / New York 2011, 113–145.
Löhle, Edith, Bible Bad Ass, Graz 2024.
Lorenzen, Stefanie, Entscheidung als Zielhorizont des Religionsunterrichts? Religiöse Positionierungsprozesse aus der Perspektive junger Erwachsener, Stuttgart 2020.
Osthövener, Claus-Dieter, Erscheinungsformen der Frömmigkeit in der klassischen Moderne, in: Kubik, Andreas (Hg.): Protestantismus – Aufklärung – Frömmigkeit, Göttingen 2011, 133–152.
Root, Andrew, Adolescence and the Creation of the Secular Age of Unbelief, https://reformedjournal.com/adolescence-creation-secular-age-unbelief-2/ [21.11.2024].
Root, Andrew, The End of Youth Ministry? Why Parents Don't Really Care about Youth Groups and What Youth Workers Should Do about It, Grand Rapids 2020.
Root, Andrew, The Pastor in a Secular Age. Ministry to People Who No Longer Need God, Grand Rapids 2019.
Seibert, Christoph, Modernes Unbehagen, Entwicklung der Nova, Fragilisierung des Glaubens, in: Kühnlein, Michael (Hg.): Charles Taylor. Ein säkuläres Zeitalter, Klassiker Auslegen 59, Berlin / Boston 2019, 91–107.
Taylor, Charles, Ein säkuläres Zeitalter, Frankfurt a. M. 2009.
Thomas, Günter, Implizite Religion. Theoriegeschichtliche und theoretische Untersuchungen zum Problem ihrer Identifikation, Religion in der Gesellschaft 7, Würzburg 2001.

Vanhoozer, Kevin J., What Is Everyday Theology? How and Why Christians Should Read Culture, in: Ders. u. a. (Hg.): Everyday Theology. How to Read Cultural Texts and Interpret Trends, Grand Rapids 2007, 15–60.
Wrathall, Mark, Our Fragilized World and the Immanent Frame, in: Kühnlein, Michael (Hg.): Charles Taylor. Ein säkuläres Zeitalter, Klassiker Auslegen 59, Berlin / Boston 2019, 161–179.

Kann Jugendarbeit theologisch sein?
Erkundungen der Praktischen Theologie bei Dietrich Bonhoeffer

Andrew Root

In diesem Kapitel soll es um Jugendarbeit als theologische Aufgabe gehen. Anhand von Dietrich Bonhoeffers Wirken in der Jugendarbeit soll gezeigt werden, wie ein *theological turn* aussieht.

Vor einigen Jahren schrieben Kenda Creasy Dean und ich gemeinsam ein Buch mit dem Titel *The Theological Turn in Youth Ministry* (Die theologische Wende in der Jugendarbeit)[1]. Als es gerade neu publiziert worden war, gab es einige Verwirrung darüber, was mit dem *theological turn* gemeint sei. Möglicherweise hätten wir uns etwas klarer ausdrücken sollen. Es herrschte auch Unklarheit darüber, was es genau wäre, wovon sich Hauptamtliche in der Jugendarbeit abwenden sollten und wohin sie sich stattdessen wenden sollten. Worüber wir allerdings sehr deutlich sprachen, war dies: Wenn wir über einen *theological turn* nachdenken, dann sollten wir diesen nicht als eine *Technik* sehen. Ich halte es insgesamt für ein Problem, Jugendarbeit unter technischen Aspekten zu betrachten.[2]

Technisches Denken

Damit ich nicht falsch verstanden werde: Ich mag Technik und verwende gerne die neuesten und modernsten Produkte. Wenn ich meine Studierenden unterrichte, muss ich hierbei sehr deutlich sein. Wenn du die Bibel dekonstruierst, halten sie dich für cool, aber wenn du TikTok beleidigst, attackieren sie dich in der Pause. Ich möchte also festhalten, dass ich Technik wirklich mag! Was mich an Technologie im weiteren Sinn fasziniert, ist, dass sie unsere Vorstellung in einer bestimmten Weise beeinflusst. Technologie kann geniale Dinge tun, aber sie verändert uns auch.

Ich bin sicher, dass du den amerikanischen Schauspieler Tom Hanks kennst. In Amerika ist der Typ ein Heiliger, deswegen gibt es sogar einen Feiertag der *Hanks-*

---

1 Root, Andrew / Dean, Kenda Creasy, The Theological Turn in Youth Ministry, Downers Grove 2011.
2 Ich habe dazu einen ausführlicheren Artikel für *Catalyst* geschrieben: Vgl. Root, Andrew, Youth Ministry as a Magical Technology: Moving Toward the Theological, in: Catalyst 40/1 (2013). Außerdem wird das Thema auch in Root, Andrew, Bonhoeffer as Youth Worker, Grand Rapids 2014, 4f behandelt. Letzteres Werk ist als deutsche Übersetzung angekündigt: Root, Andrew, Bonhoeffer und die Jugendarbeit, Jesus nachfolgen und gemeinsam leben, Gießen 2025.

giving heißt. Es ist der Tag nach Thanksgiving. Einer unserer Fernsehkanäle spielt dann den ganzen Tag Tom-Hanks-Filme. Einer der bekanntesten Filme mit Tom Hanks ist *Apollo 13*.[3] Es geht um die 13. Mission der NASA, deren Ziel es war, als eines der ersten Teams auf der Mondoberfläche zu landen. Doch zuvor kommt der Funkspruch von Tom Hanks zur Zentrale nach Houston, der zu einem der berühmtesten Filmzitate aller Zeiten wurde: »Houston, wir haben ein Problem.« Das Problem besteht darin, dass sie es nicht schaffen werden, auf der Mondoberfläche zu landen. Schlimmer noch: Man ist sich nicht sicher, ob man die drei Besatzungsmitglieder wieder zurück in die Erdatmosphäre bekommen würde. Wenn du diesen historischen Moment erlebt hast, dann weißt du, dass das eine ziemlich große Sache war. Werden sie es schaffen, die drei Männer zurück auf die Erde zu holen, oder sind sie für immer verloren? Im Film passiert dann folgendes: Ein von Ed Harris gespielter Mitarbeiter betritt mit einem Pappkarton in der Hand einen Besprechungsraum und schüttet den Inhalt auf den Tisch. Die besten Techniker und Ingenieure sitzen vor ihm und er sagt zu ihnen: »Gentlemen, das ist alles, was die da oben haben.« Da liegt dann ein Cover eines Mondhandbuchs, ein Schraubenzieher, eine Rolle Klebeband und andere Dinge. Er sagt zu diesen Mitarbeitenden: »Repariert damit dieses Raumschiff und holt sie zurück auf die Erde!« Und mit technologischem Denken schaffen sie es tatsächlich. Es ist ein Moment, der in die Weltgeschichte eingegangen ist. Einfach unglaublich.

Technologie kann großartige Dinge tun, aber – wie gesagt – sie beeinflusst uns eben auch. Sie verändert die Art, wie wir denken. Was auch immer uns in der Welt begegnet, wird als ein Problem betrachtet, für das es eine funktionale Lösung geben muss. Es gibt immer irgendeinen Hack, um ein Problem zu lösen. Ich glaube, dass dasselbe in der christlichen Jugendarbeit geschieht. Die Gemeinden spüren, dass es ein Problem mit unseren eigenen Jugendlichen gibt. Diese scheinen teilnahmslos gegenüber unseren Denominationen zu sein oder sich insgesamt nicht für Bibel und Glaube zu interessieren. Wir brauchen also etwas, um dieses Problem zu lösen – irgendeinen technologischen Trick. Und dann wird es zum Job von Hauptamtlichen in der Jugendarbeit gemacht, eben dieses Problem zu lösen. In meinem ersten Beitrag habe ich aufgezeigt, dass es für Denominationen ein Problem ist, dass junge Menschen sich gegen eine Identifikation mit ihnen entscheiden könnten. Es braucht also jemanden, um dieses Problem zu lösen.

Man kann Technologie als auf Problemlösung ausgerichtete Wissenschaft betrachten.[4] Diese Definition beinhaltet allerdings, dass beim Lösen von Problemen etwas Neues produziert werden sollte, das exponentielles Wachstum bewirkt. Technologie sollte zur Vermehrung von Kapital führen. Man kann sich das so vorstellen: Es gab eine Zeit, in der das iPhone eine Sicherheitslücke hatte, weil es keine Vorkehrungen gab, fremden Zugriff auf das Gerät zu verhindern. Dieses Problem wurde schnell entdeckt. Apple setzte daraufhin die besten Mitarbeitenden zusammen, die dann etwas Neues entwickelten. Zuerst führten sie ein, dass der Home-Button Fingerabdrücke lesen konnte. Anschließend gab es gar keinen Knopf mehr und man arbeitete statt-

---

3 Howard, Ron (Regie), Apollo 13, Universal Pictures 1995.
4 Vgl. Root, Bonhoeffer as Youth Worker, 5.

dessen mit Gesichtserkennung. Es wurden also immer wieder neue Techniken entwickelt, da man wusste, dass sich das nächste Modell mit diesen Technologien besser verkaufen würde und dadurch die Aktienkurse steigen würden. Das Ziel war letztlich, das Kapital zu erhöhen. Wenn wir dieses Prinzip auf christliche Jugendarbeit übertragen, dann suchen wir wie besessen nach Neuem: Einer neuen Art, Jugendgruppen zu gestalten, eine neue Art zu predigen oder eine neue Form des Worships. Das Ziel ist auch hier immer dasselbe: exponentielles Wachstum von Kapital.

In Nordamerika haben wir das schon oft erlebt: Es wird jemand hauptamtlich für die Jugendarbeit angestellt, mit der Erwartung, dass diese Person unser Problem irgendwie löst und exponentielles Wachstum generiert. Wenn dann eine Jugendgruppe von fünfzehn Teilnehmenden nicht auf mindestens 80 anwächst, dann beginnt man sich zu fragen, ob man jemanden mit einer schlechten Technik beschäftigt. Vielleicht sollte man lieber Personal aus der nächstgrößeren Gemeinde der Stadt abwerben, damit dieses dann mit einer besseren Technik das Problem löst.

Theologie oder theologisch?

Als wir *The Theological Turn in Youth Ministry* schrieben, wollten wir damit vor allem Hauptamtliche und Mitarbeitende in der Jugendarbeit davon befreien, Jugendarbeit als eine Technologie zu betrachten, die ein Problem lösen kann. Das haben wir ziemlich deutlich klargemacht. Der zweite und nicht so klar benannte Punkt ist jedoch, dass wir keine *Theologie-Wende* (engl. *theology turn*) in der Jugendarbeit wollten. Viele Menschen kamen nach der Veröffentlichung des Buches zu mir und sagten: »Vielen Dank, dass Sie dieses Buch geschrieben haben. Ich sage schon seit Jahren, dass alles gut wird, wenn wir es schaffen, dass die Kinder Calvin lesen.« Aber genau das war nicht die Absicht unseres Buches. Unser Ziel war es keineswegs, Jugendarbeit zu erneuern, indem man einfach mehr Wissen und die richtige Lehre in den Kopf unserer Kinder hämmert. Ich persönlich beschäftige mich gerne mit Dogmatik, aber ich glaube nicht, dass es Jugendarbeit heute in erster Linie braucht, richtig über Systematische Theologie zu denken.

Eine meiner ersten Erfahrungen mit christlicher Jugendarbeit machte ich, als ich gerade im ersten Semester studierte. Ich war gerade von zuhause ausgezogen, um zur Universität zu gehen, lebte aber nur ca. zwanzig Minuten von meiner Gemeinde entfernt. Daher rief mich mein Jugendpastor an und erklärte, dass sie gerade ein Konfirmationsprogramm durchführten. Er fragte mich, ob ich mir vorstellen könnte, eine Kleingruppe zu leiten. Ich fühlte mich geehrt und sagte zu. Er fuhr fort: »Wir haben eine Wochenendfreizeit mit Achtklässlern, die in Kleingruppen aufgeteilt werden, um das Konfirmationsprogramm durchzuführen. Würdest du helfen, eine davon anzuleiten?« Ich antwortete: »Ja, aber ich muss etwas später anreisen.« Mein Jugendpastor meinte daraufhin: »Kein Problem. Ryan, ein Theologiestudent in höherem Semester, kommt auch später. Er kann dich mitnehmen.« Ich, ein Erstsemester-Bachelorstudent, und er, ein Erstsemester-Masterstudent, fuhren also gemeinsam zur Unterkunft. Während der Fahrt redete sich Ryan in Rage: »Weißt du, wir zwei, wir fangen dieses Jahr mit einer neuen Art von Jugendarbeit an. Ich denke wir müssen endlich mit all dem Spiel und Spaß aufhören. Das führt doch zu nichts. Es muss doch um mehr gehen! Wir müssen den Kids etwas Richtiges geben. Wir müssen ihnen *Theologie* geben!« Er sagte: »Sie brauchen Theologie.« Ich wusste damals noch nicht viel über Theologie, also nickte ich und dachte: »Ja, klingt gut.« Er meinte dann: »Schau nur zu, morgen halte ich die Andacht für die Jugendlichen. Ich werde diesen Kids Theologie geben.«

Am nächsten Morgen gegen 10 Uhr war es so weit – er gab ihnen wohl Theologie. In ungefähr zwanzig Minuten sagte er ihnen so ziemlich alles, was er in seinem Studium bisher gelernt hatte. Es gab einen längeren Exkurs zum jüdischen Tempel. Er schrieb ein paar hebräische Worte auf das Whiteboard. Er erklärte ausführlich, welche Briefe sicher von Paulus geschrieben wurden und welche umstritten sind. Und so weiter – zwanzig Minuten lang. Ich saß in der letzten Reihe und beobachtete die Jugendlichen dabei, wie sie von der Eintönigkeit seiner Theologie zu Boden gedrückt wurden und schwer damit beschäftigt waren, nicht einzuschlafen. Dann kam er endlich zum Schluss. Er wusste, dass es nicht besonders gut gelaufen war. Er bete noch und endete mit einem »Amen«. Die Jugendlichen sahen aus, wie ein trainierter Kinderchor. Sobald er »Amen« gesagt hatte, erhoben sie sich synchron von ihren Plätzen und verschwanden blitzschnell durch die Hintertür, als wollten sie der Monotonie seiner Theologie entfliehen.

Versteht mich hier bitte nicht falsch – Theologie ist sehr wichtig. Wenn ich für den Rest meines Lebens nur noch in einem Bereich lesen dürfte, dann wäre es Theologie. Wenn es aber um Jugendarbeit geht, bin ich nicht sicher, ob es das Ziel sein sollte, einfach nur die richtige Lehre in die Köpfe der jungen Leute zu bekommen. Deshalb ist der Titel unseres Buches nicht die *Theologie-Wende,* sondern es geht uns darum, einen *theological turn* (eine *theologische Wende*) in der Jugendarbeit zu erreichen. Ja, ich weiß, es ist nicht leicht einen Unterschied zwischen einer *Theologie-Wende* und einem *theological turn* zu erkennen. Daher möchte ich gerne eine Geschichte erzählen, um das ein wenig zu illustrieren. Es geht um Dietrich Bonhoeffer. Was meine ich also, wenn ich *theologisch* sage?

Bonhoeffer und das Theologische

Ich behaupte, dass Dietrich Bonhoeffer einer der größten Theologen und vielleicht einer der bedeutendsten Christen des 20. Jahrhunderts war. Ich glaube, dass Dietrich Bonhoeffer im Kern von der Jugendarbeit her verstanden werden muss. Wenn man sich sein Leben von 1925, als er seine Doktorarbeit zu schreiben begann und mit 19 Jahren seine ersten Erfahrungen in der Jugendarbeit machte, bis 1939 anschaut, wird deutlich, dass sich die meisten seiner gemeindlichen Dienste um Kinder und Jugendliche drehten. Man könnte sagen, dass er im Innersten entweder ein Pastor für Jugendliche ist, der auch theologische Arbeit leistet, oder ein Theologe, der stets auch Jugendliche im Blick hat. Ich meine: Wir, die wir in der Jugendarbeit engagiert sind, sollten Dietrich Bonhoeffer zu unserem Schutzpatron erklären – ein Theologe, der für die Jugendarbeit lebt. Er ist einer von uns.

Die Geschichte, die ich euch über Bonhoeffer erzählen will, zeigt gut, was es heißt einen *theological turn* zu vollziehen. Wenn du ein wenig über Bonhoeffer weißt, dann hast du sicher bemerkt, dass er ein Mensch ist, der einem leicht ein ungutes Gefühl geben kann. Nicht, dass das seine Absicht wäre – aber wenn man seine Biographie liest, dann fühlt man sich ziemlich schnell schlecht. Ich meine nicht unbedingt die Märtyrer-Thematik 1945, sondern, dass er ein echtes Genie war. Das führt dazu, dass wir uns schlecht fühlen. Er begann seine Doktorarbeit mit 19 Jahren und beendete sie mit 21. Wie alt bist du und was hast du erreicht? So fühlt man sich, wenn man sich mit Bonhoeffer vergleicht. Das wurde allerdings zu einem Problem für ihn. Zu seiner Zeit und in seiner Region, musste man mindestens 25 Jahre alt sein, um zum Pastor ordiniert werden zu können. Er war einfach zu schnell gewesen. Zwar hatte er noch vor, eine Habilitation zu schreiben, aber anschließend hätte sich wieder das gleiche Problem ergeben. Man musste mindestens 25 Jahre alt sein, um zum Professor ernannt werden zu können. Er war einfach zu schnell. Was sollte er also mit seiner übrigen Zeit anfangen? Einer seiner Mentoren machte ihm einen Vorschlag: »Dietrich, du kommst aus einer wichtigen Berliner Familie. Du hast, von Reisen mal abgesehen, den Großteil deines Lebens in Berlin verbracht. Du solltest mal rauskommen. Und du könntest etwas Erfahrung im Gemeindedienst gebrauchen.«

Bonhoeffers Verwandtschaft mütterlicherseits bestand aus überzeugten Kirchgängern. Sein Urgroßvater und sein Großvater waren bedeutende Theologen, die sogar eine Zeit am preußischen Kaiserhof gepredigt hatten. Die Verwandtschaft väterlicherseits hingegen ging nie zum Gottesdienst. Sein Vater hatte den Lehrstuhl für Psychiatrie an der Universität Berlin inne und war in leitender Funktion am Universitätsklinikum. Er hatte keine Zeit für christliche Dinge. Er glaubte auch, dass eine aufgeklärte Person nicht christlich sein müsse. Auch Bonhoeffers Kernfamilie ging normalerweise nicht zur Kirche. Dietrich besuchte den Konfirmandenunterricht und war getauft, aber mehr war da nicht. Pastorale Aufgaben übernahm seine Mutter oder die Theologen innerhalb der Familie. Wir haben es also mit einem der größten Theologen zu tun, der viel über Ekklesiologie geschrieben hat, aber selbst in einer Familie aufwuchs, die kaum zur Kirche ging. Eine faszinierende Dynamik, oder?

Sein Ordinationsmentor sagt ihm: »Weißt du Dietrich, es wäre vielleicht eine gute Idee, wenn du ein wenig zur Kirche gehen würdest, bevor du ordiniert wirst.« Er schickte ihn letztendlich in eine Gemeinde in Grunewald, wo er vor allem in der Arbeit mit Kindern tätig wurde. Nachdem er dann immer noch zu jung war, sagte er: »Warum nutzt du die Zeit nicht, um mal etwas aus Berlin rauszukommen? Geh doch nach Barcelona. Dort gibt es eine deutschsprachige Gemeinde, mach doch dort ein Praktikum.« Dietrich ging also für ein Jahr nach Barcelona und arbeitet in der dortigen deutschen Gemeinde mit. Es sollte ein wichtiges und prägendes Jahr für ihn werden.

Es gibt einen Brief aus diesem Jahr, den ich gerne teilen möchte, weil er meinen Punkt des *theological turns* so gut unterstreicht. Der Brief ist von 1928, wurde aber erst 1999 entdeckt. Er ist adressiert an einen Mann namens Walter Dress. Als dieser in den 1990ern starb, räumte man seine Wohnung aus und fand eine Schublade voller Briefe, von denen einer dieser Brief von Bonhoeffer war. Der Kontakt zu ihm ist nicht überraschend, denn Walter Dress war später mit Dietrichs jüngster Schwester Susanna verheiratet. Zu jener Zeit war er allerdings nur ein Kommilitone Bonhoeffers. Dietrich hatte nicht viele Menschen, mit denen er über den pastoralen Dienst sprechen konnte, also schrieb er diesen beeindruckenden Brief an Walter.

Im ersten Abschnitt schreibt Dietrich: »Walter, hast du Emil Brunners neues Buch *Der Mittler* gelesen?«[5] Emil Brunner war zu dieser Zeit wahrscheinlich der nach Karl Barth zweitbedeutendste Theologe auf dem Kontinent. Er hatte zuvor ein Buch über Ethik veröffentlicht, ein Thema das Dietrich schon seit seiner Schulzeit interessierte. Bonhoeffer war also sehr neugierig auf dieses neue Buch gewesen. Er berichtet Walter Dress, dass er es gelesen habe und schreibt sinngemäß: »Walter, ich hatte mich wirklich auf dieses Buch gefreut. Aber Brunner – du hast versagt. Es ist kein gutes Buch. Walter, ich musste aufhören. Bereits 90 Seiten vor dem Ende musste ich abbrechen. Ich bin so enttäuscht.« Hier ist er also, dieser 22-jährige Theologe, dessen Tinte auf seiner Doktorarbeit noch feucht ist. Er zerreißt Emil Brunner, wenn es um Theologie geht.

Aber im zweiten Absatz verändert sich die ganze Stimmung des Briefes. Es wird deutlich, dass Bonhoeffer etwas unbedingt mit Walter Dress teilen möchte. Er beginnt ungefähr so zu erzählen: »Walter, habe ich dir mitgeteilt, was mir passiert ist? Vor einigen Tagen, gegen 11 Uhr vormittags, kam ein zehnjähriger Junge zu meiner Wohnung. Seine Eltern sind Teil der Gemeinde und der Junge kommt zu mir in den Kindergottesdienst. Ich hatte seine Eltern gefragt, ob ich etwas von ihnen ausleihen könnte, woraufhin sie ihren Sohn schickten, um es mir vorbeizubringen. Ich kenne den Jungen gut. Er ist der Inbegriff von Energie. Man kann ihn normalerweise nicht dazu bewegen, still zu sitzen. Aber als er an diesem Tag zu meiner Wohnung kam, merkte ich sofort, dass etwas mit ihm nicht stimmte. Er war ganz niedergedrückt.« Und so erzählt Dietrich Walter Dress, wie er sich auf das Menschsein dieses Jungen eingelassen hat.

Das ist die erste Bedingung auf dem Weg zu einem *theological turn*, als treue Person Jugendarbeit zu gestalten. Zuerst müssen wir uns auf die Menschlichkeit derer um uns herum einlassen, uns ihrer Situation bewusstwerden. Das tut Bonhoeffer und sagt dann zu dem Jungen: »Ist alles okay?« Dann berichtet er Walter Dress, dass sofort, nachdem diese Frage seinen Mund verlassen hatte, der Junge zu schluchzen und weinen begann. Es war eine Art des Weinens, bei dem man kein Wort herausbekommt, weil man um Atem ringt. Es war eine andere Zeit und ein anderer Ort, die späten 1920er in Barcelona. Was nun kommt, würde man heute wohl als übergriffig betrachten: Dietrich nimmt den Jungen auf seinen Schoß und umarmt ihn. In Zeiten von Missbrauchsskandalen innerhalb der Kirchen sind wir gegenwärtig zu Recht sehr sensibel in dieser Hinsicht. Es geht mir hier jedoch darum, dass Jugendarbeit bedeutet, sich auf die Menschlichkeit junger Menschen einzulassen. Christliche Ju-

---

5 Vgl. Bonhoeffer, Dietrich, Register und Ergänzungen, in: Anzinger, Herbert / Pfeifer, Hans (Hg.): DBW 17, 81–84. Die folgenden Zitate sind paraphrasiert. Vgl. auch Root, Bonhoeffer as Youth Worker, 66f.

gendarbeit ist einfach bei Kindern und Jugendlichen und tritt für sie ein. Sie bezeugt den Gott, der mit uns und für uns ist. Gott kennt die Lebenssituation von Jugendlichen und trägt ihre Sorgen mit. So sieht treue Jugendarbeit aus. Dietrich hält ihn also einfach, aber dann, so erzählt er Walter Dress, beginnt er Worte zu hören. Zwischen Weinen, Tränen und Schluchzen erkennt er Worte und hört den Jungen sagen: »Herr Wolf ist tot. Herr Wolf ist tot.« Es stellte sich heraus, dass Herr Wolf ein drei Jahre alter deutscher Schäferhund gewesen war, der eine halbe Stunde zuvor gestorben war. Inmitten dieses Schmerzes hält Dietrich den Jungen einfach fest. Dann berichtet er Walter Dress, dass sich der Junge zu ihm drehte und ihm erzählte, wie sehr er den Hund geliebt hatte. Er sei jeden Morgen von ihm geweckt worden. Wenn er von der Schule kam, hatte der Hund ihn mit wedelndem Schwanz begrüßt. Er erzählt Dietrich seine Geschichte mit diesem Hund. Der Hund war sein bester Freund gewesen.

Ich habe in den anderen Beiträgen bereits mehrfach die Bedeutung von Geschichten betont. Hier ist also Bonhoeffer als Pastor des Jungen. Er gibt ihm einfach Raum, seine Geschichte zu erzählen – von seinem Leid, seiner Sehnsucht und dem tiefen Schmerz in ihm. Dietrich denkt nicht: »Oh, das Bewusstsein des Jungen ist geschwächt. Bestimmt ist das eine gute Gelegenheit, ihm christliche Inhalte unterzujubeln.« Er denkt nicht mal ansatzweise so. Er ist einfach bei dem Jungen, teilt seine Situation und gibt ihm Raum, seine Geschichte zu erzählen. Das ist alles. Es gibt kein Ziel in diesem Moment, als einfach bei dem Jungen zu sein und diese Erfahrungen mit ihm zu tragen. Dann, so erzählt Dietrich weiter, geschieht etwas. Inmitten des Sich-Einlassens auf die Situation des Jungen, im Teilen seiner Geschichte, wischt dieser sich plötzlich die Tränen ab, schaut Dietrich direkt in die Augen und fragt: »Herr Bonhoeffer, sagen sie mir: Werde ich Herrn Wolf im Himmel wiedersehen?« Das ist es, was ich mit *theological turn* meine!

Der *theological turn* ist die Erfahrung, einem jungen Menschen zu dienen – bei ihm und für ihn zu sein, Seelsorge zu leisten, sich zu kümmern – und dann auch die großen Fragen mit ihm zu stellen: Wo ist Gott jetzt? Wo ist er inmitten dieser Erfahrung? Wie denke ich bei diesem Schmerz und diesem Verlust über Gott? Das bedeutet es, das *Theologische* zu tun: Gottes Wirken und seine Gegenwart in der tiefen und gelebten Erfahrung zu bezeugen. Der Junge will in seinem Schmerz über den Verlust seines Hundes wissen, wo Gott jetzt für ihn ist? Dietrich berichtet Walter, dass er keine Ahnung hatte, was er dem Jungen sagen sollte. Ihm fehlten die Worte. Er hatte in seiner akademischen Ausbildung nichts über tote Hunde gelernt. Keiner seiner Professoren hatte ihm jemals erklärt, was man tut, wenn jemand seinen Hund verliert. Was sagt man da? Und Dietrich berichtet Walter: »Ich hatte keine Ahnung.« Aber dann sagt er etwas Faszinierendes und sehr Tiefgründiges. Er schreibt in seinem Brief: »Ich fühlte mich klein neben dem Jungen und seiner Frage.«

Das ist sehr beeindruckend, weil, wie wir im gleichen Brief gesehen haben, Bonhoeffer sehr selbstbewusst im Blick auf Theologie war. Wenn es um die Theorie von Theologie geht, zerreißt er den großen Gelehrten Emil Brunner in der Luft. Aber wenn ein zehnjähriger Junge ihn nach dem ewigen Verbleib seines Hundes fragt, dann fühlt sich dieser sehr junge und arrogante Theologe plötzlich klein. Warum fühlt er sich klein? Er fühlt sich klein, weil es in diesem Moment nicht um Ideen geht, sondern um Menschen. Es geht darum, Zeuge des lebendigen Gottes zu sein. Er steht nun auf heiligem Boden. Nicht, weil er ein Professor mit richtigen Antworten ist, sondern weil er ein Pastor ist, der dieses Erlebnis teilt und Gott inmitten dessen bezeugen muss. Er steht deshalb auf heiligem Grund, weil er an dem Ort ist, wo Gott selbst wirkt.

Dazu muss man wissen, dass Dietrich Bonhoeffer sich eigentlich niemals klein gefühlt hat. Das gibt er selbst zu. Er sagt, dass seine eigene Arroganz sein größtes geistliches Kampffeld sei, über dem er ständig bete. Es gibt dazu einen anschaulichen Bericht aus seiner Zeit 1930/31 in New York. Damals verbrachte Dietrich viel Zeit mit seinem deutschstämmigen Freund Paul Lehmann. Dieser erzählt folgende Anekdote: Als er einmal in Dietrichs Zimmer am Union Seminary gekommen war, lag Bonhoeffer auf seinem Bett und las ein Buch. Paul hatte zwei Tennisschläger dabei und sagte: »Dietrich, es ist ein wundervoller Tag, lass uns in den Central Park gehen und Tennis spielen.« Daraufhin seufzte Bonhoeffer, legte das Buch auf seiner Brust ab und sagte: »Nein Paul, das können wir nicht tun. Es würde dir keinen Spaß machen. Ich bin viel zu gut für dich.« Das ist auch Dietrich Bonhoeffer – niemals zu wenig Selbstbewusstsein.

Aber dann ist da dieser Zehnjährige, der ihm eine Frage stellt, und der sehr selbstbewusste Dietrich Bonhoeffer fühlt sich plötzlich klein. Ich will es bewusst wiederholen: das *Theologische* ist nicht das, was nach jemandem mit vielen Abschlüssen und theoretischen Wissen verlangt, sondern nach jemandem, der solche Momente mit jungen Menschen teilt – jemand der weiß, dass Gott am Werk ist, und in diesem Augenblick ein Seelsorger für diesen einen jungen Menschen sein kann. Bonhoeffer war aber auch klar, dass er diese Frage beantworten musste. Er erzählt Walter Dress also etwa folgendes weiter: »Es hätte nicht funktioniert, dem Jungen auf die Schulter zu klopfen und ihm zu sagen, dass das große Fragen für einen so kleinen Jungen seien.« Nein. Dieser Junge schaute ihm direkt in die Augen und wollte eine Antwort: Bezeuge mir Gott in dieser Situation. Wo ist Gott hier? Bonhoeffer musste also antworten.

Im amerikanischen Kontext gab es in den 1990ern eine Strömung in der Theorie der Seelsorge, in der gelehrt wurde, dass man den Menschen ihre Äußerungen einfach spiegeln solle. Etwas überspitzt könnte ein Gespräch dann so ablaufen: »Ich mache mir große Sorgen, meinen Job zu verlieren.« Du würdest antworten: »Ich höre, du bist besorgt, deinen Job zu verlieren.« – »Ja, ich frage mich einfach, wo Gott gerade ist, wenn ich doch meinen Job verliere.« – »Ich verstehe. Du bist besorgt, weil du dich fragst, wo Gott ist, wenn du deinen Job verlierst.« – »Ja! Stört es Gott nicht, wenn ich meinen Job verliere? Interessiert es ihn? Was denkst du, Pastor?« – »Nun, ich denke, dass du dich fragst, ob Gott sich überhaupt dafür interessiert.« – »Ja, was sagt die Bibel dazu? Was denkt Gott darüber, dass ich jetzt so verletzlich bin?« – »Ich verstehe. Du bist sehr besorgt und fragst dich ...« Irgendwann könnte es passieren, dass sich dein Gegenüber sehr über dich ärgert, weil du einfach nicht antwortest. Das ist natürlich sehr stark vereinfacht, aber im Prinzip wurden viele Theologiestudierende so für Gesprächsführung in der Seelsorge ausgebildet.

Aber Bonhoeffer merkt es sofort, als er dem Jungen in die Augen schaut. Kinder in diesem Alter – wahrscheinlich Kinder im Allgemeinen – wollen eine Antwort. Sie wollen es wissen. Bonhoeffer schreibt also, dass er nicht wusste, was er sagen sollte. Er dachte darüber nach und betrachtete diese Frage mit höchster Wichtigkeit. Dann endlich dreht er sich zu dem Jungen und sagt: »Nun, wir wissen das Gott Liebe ist und dass er auch die Tiere liebt. Wir wissen auch sehr genau, dass du Herrn Wolf liebst. Dann wissen wir noch – ohne den geringsten Zweifel –, dass Gott dich liebt. Deshalb denke ich: Ja, du wirst Herrn Wolf im Himmel wiedersehen, weil ich überzeugt bin, dass Gott nichts verliert, was er liebt.«

Da haben wir es also. Zumindest laut einem der großen Theologen des 20. Jahrhunderts kommen Hunde in den Himmel. Das ist schön. Zumindest für Tierliebhaber ist das eine hervorragende Neuigkeit. Aber Bonhoeffer sagt in dem Brief anschließend auch, dass er sich nicht sicher ist, ob das überhaupt stimmt. Er bewegt sich hier auf einem schmalen Grat. Aber er sieht den Jungen und dieser begreift seine Antwort als unglaublich gute Nachricht. In einer demütigen Weise bezeugt Dietrich hier, mitten im Schmerz des Jungen, dass Gott lebt und dass er wirkt. Er bewegt sich in einem Grenzgebiet, wie man es als Pastor oft tun muss, aber der Junge hört es als absolut gute Nachricht. Dietrich schreibt Walter Dress, dass der Junge sich überschwänglich freute.

Dann geschieht etwas seltsam Bewegendes. Dietrich schreibt, dass der Junge sich zu ihm drehte und sagte: »Weißt du, ich war heute ziemlich sauer auf Adam und Eva, weil sie diese Frucht gegessen haben. Nur weil sie sie gegessen haben, musste Herr Wolf sterben.« Anschließend führte er weiter aus, was er im Religionsunterricht und im Kindergottesdienst gelernt hatte. Er begann über die christliche Tradition nachzudenken. Um das zu tun, braucht er keinen starrköpfigen Professor, mit richtigen Antworten auf alles. Er braucht einen Seelsorger – jemanden, der mit ihm einen Weg geht. Jemanden, der Gottes Gegenwart in der Tiefe des erlebten Augenblicks bezeugt. Das meine ich mit *theological turn*. Bonhoeffer verkörpert dies.

Die Frage »Wie lange schon?« als Einladung zum Bekenntnis

Vor einigen Jahren hatte ich ein Erlebnis, das genau dies widerspiegelt. Ich bekam einen Anruf von einer Kirche, in der eine Jugendpastorin eingestellt worden war, um das Konfirmationsprogramm zu organisieren. Die Leitung war aber sehr unzufrieden mit ihr. Daher wollten sie meinen Rat, ob sie diese Person entlassen und jemand anderen an ihrer Stelle anstellen sollten. Sie boten mir also an, für ein paar Tage vorbeizukommen und diese Jugendpastorin bei ihrem Dienst zu begleiten, um ihnen dann bei der Entscheidung zu helfen, sie zu behalten oder zu feuern. Mein erster Auftrag war es, den Konfirmationsunterricht zu beobachten. Es war eine große Gemeinde – ungefähr vierzig Teenager nahmen an diesem Konfirmationsprogramm teil, das in einer Sporthalle stattfand. Ich sollte mich wie eine Fliege an der Wand verhalten und das Ganze nur beobachten. Genauso machte ich es. Die junge Frau, die ich beobachten sollte, begann den Abend. Es herrschte völliges Chaos. Ein paar Jungs rannten wortwörtlich die Wände hoch, um zu messen, wie weit sie kämen. Die Mädchen bildeten kleine Grüppchen und tauschten Zettel aus. Das alles war nicht bevor das Programm begann, sondern *währenddessen*! Die Jugendpastorin versuchte eine Bibelarbeit mit ihnen zu gestalten, aber es entstand noch größeres Chaos. Die Jungs – kalifornische Surfer – begannen auf den Hinterbeinen ihrer Stühle um die Wette zu balancieren.

Dann begannen sie, sich gegenseitig ins Gesicht zu treten – wirklich! Einer der Jungs stand mit hinter dem Rücken verschränkten Händen da, während die anderen möglichst nah in Richtung seines Gesichtes kickten, ohne ihn zu berühren. All das geschah *während* sie versuchte, eine Bibelarbeit zu halten. Ich lehnte an der Wand und dachte: »Das läuft nicht gut. Sie wird ihren Job verlieren.«

Aber dann, genau in dem Moment, als ich mir fast sicher war, dass sie entlassen werden würde, sagte sie: »Kommt, lasst uns beten, wie wir es immer tun.« Eine komische Ruhe legte sich über die Gruppe. Ein junges Mädchen mit vielleicht vierzehn Jahren hob ihre Hand. Sie bekam das Mikrophon und sie sagte: »Ich kämpfe wieder ›damit‹ – ich brauche wirklich Gebet.« Ich wusste nicht, worüber sie sprach, aber alle anderen im Raum offensichtlich schon. Dann meldete sich ein Junge. Auch ihm gab man das Mikrophon und er betete für sie. Dann streckte ein anderer Junge die Hand und sagte: »Vielleicht habt ihr es am Sonntag im Gottesdienst schon gehört, aber meine Mutter hat vielleicht wieder Krebs und wir haben alle wahnsinnige Angst.« Ein Mädchen betete für ihn. So ging es immer weiter, sechs oder sieben Runden dieser Bekenntnisse von Sorge und Not – und der Gebete dieser Jugendlichen füreinander. Dann nahm die junge Frau, die ich beobachten sollte, das Mikrophon zurück und betete abschließend für die Gruppe. *Sofort* im Anschluss fuhren die Jungen fort, einander ins Gesicht zu treten.

Am Tag darauf traf ich das Leitungsteam der Gemeinde und sie fragten mich: »Was denkst du? Sollen wir sie rausschmeißen?« Meine Antwort war: »Ich denke nicht … Ich meine, *offensichtlich* braucht sie etwas Hilfe. Aber auf einer anderen Ebene: Was könntet ihr Besseres haben? Da sind junge Menschen, die einander von der Tiefe ihrer Zerbrochenheit und ihren Erfahrungen erzählen und füreinander beten. Was wollt ihr mehr?« Etwas Wunderbares passierte dort, das die *theologische* Realität deutlich macht.

Am Ende dieses Kapitels möchte ich euch meine liebste Bibelgeschichte aus Markus 9 erzählen. Sie illustriert das bisher Gesagte gut und fasst es zusammen. Ich liebe diese Geschichte so sehr, dass ich immer noch darauf warte, dass ein Film daraus gemacht wird. Bisher ist das nicht geschehen, obwohl sie voll von menschlichem Pathos ist. Sie würde eine großartige Serie abgeben. Man müsste einige Lücken füllen, aber eigentlich ist alles da, was es braucht. Der Text ist so gefüllt mit menschlichen Gefühlen, dass man es förmlich spürt. Wir haben zum einen – vielleicht schon sehr lange – verzweifelten Vater. Möglicherweise war er bereits bei allen Fachleuten gewesen, um seinem Jungen zu helfen. Unter Umständen hatte es in der Schule schon geheißen: »Er kann nicht mehr kommen. Es geht nicht, dass er in eine normale Klasse geht. Sein Verhalten ist zu auffällig.« Die Kinder in der Nachbarschaft wollten nicht mehr mit ihm spielen. Er war oft allein. Vielleicht waren die Dinge in letzter Zeit wirklich düster geworden. Möglicherweise hatte er gerade in dieser Woche seine kleine Schwester verletzt. Da waren sich dann auch Mutter und Vater nicht mehr einig, ob es noch sicher ist, den Jungen zuhause zu behalten. Diese Frage treibt einen Keil zwischen die Eltern. Sie können nicht einmal mehr richtig miteinander reden, weil der Schmerz so tief sitzt und sie nicht wissen, was sie mit dem Jungen noch tun sollen. Dann hört der Vater von diesem Heiler aus Nazareth. Möglicherweise ist das ihre letzte Chance. Noch einmal: Wir wissen das nicht sicher – aber unter Umständen ist der Vater mit seinem Jungen tagelang unterwegs. Bei jedem Schritt auf dem Weg sagt er sich: »Das ist unsere letzte Chance, es muss funktionieren. Wenn sich jetzt nichts ändert, dann werden wir den Jungen an die Dunkelheit verlieren. Es muss einfach klappen.« Mit jedem Schritt macht er sich selbst Hoffnung. Sie ist eigentlich schon fast verschwunden, aber er hält sich fest an diesem letzten Funken. »Diesmal muss es klappen. Diesmal wird es eine Antwort geben.« Er kommt an den Ort, an dem Jesus sein sollte und er sagt: »Hey, ich habe zwar keinen Termin, aber ich bin hier, um Jesus zu sehen.« Und die Jünger wenden sich ihm zu und sagen: »Oh, entschuldigen Sie, aber Jesus ist nicht da. Er ist im Urlaub.«

Ist er wirklich. Jesus und seine drei besten Freunde Petrus, Jakobus und Johannes sind weg. Sie haben die Kühlbox mit Hotdogs und Getränken gefüllt und sind auf eine Bergtour gegangen. Sie haben einfach eine gute Zeit miteinander. Die Sache wird ein wenig seltsam, als sich plötzlich eine Wolke auf den Berg senkt und schließlich wirkt es wie ein Horrorfilm: Sie sehen Tote. Jesus spricht mit Elijah und mit Mose. Im Markusevangelium lesen wir: Als Jesus mit Elijah und Mose redet, werden sie von Petrus unterbrochen. Er stört sie, um schon mal mit der Planung zu beginnen. Er hat seine Airbnb-App offen und sagt: »Hey Jesus, das hier ist echt genial. Elijah, gut dich zu sehen. Mose, schön dich kennenzulernen. Ich dachte mir, ich fange schon mal an zu planen. Soll ich drei Hütten bauen? Eine für dich Elijah, eine für dich Moses? Jeder kann sein eigenes Zimmer haben. Soll ich mich schon mal an die Arbeit machen?« Bei Markus lesen wir, dass er nicht wusste, was er da sagte. Ich bin kein Experte für neutestamentliches Griechisch, aber ich bin mir ziemlich sicher, dass das so viel bedeutet wie: »Wirklich dumme Aussage.« Petrus äußert also seine komische Idee. Dann erschallt eine Stimme vom Himmel: »Das ist mein Sohn. Hört auf ihn!« Dann ist alles vorbei. Jakobus und Johannes stehen immer noch da, ihre Hotdogs in der Hand, und denken: Das ist das Verrückteste, was wir je erlebt haben.

Währenddessen sagt man dem Vater im Tal: »Jesus ist im Urlaub.« Was soll er jetzt tun? Er wendet sich an die Jünger und sagt: »Okay, ihr kennt doch diesen Jesus. Ihr kennt seine Methoden. Bitte, heilt meinen Jungen.« Was folgt, ist einer der tragischsten Stellen im Neuen Testament. Sie versuchen es, aber es funktioniert nicht.

Es gibt nichts Schmerzlicheres, als sich selbst neue Hoffnung gemacht zu haben – und dann wieder enttäuscht zu werden. Es schien unmöglich, aber du hast es gerade so geschafft, wieder Hoffnung zu fassen. Aber dann siehst du, wie diese gerade gefundene Hoffnung am Felsen der Unmöglichkeit zerschellt. Es gibt nichts, das schmerzhafter ist, als sich gesagt zu haben »dieses Mal, dieses Mal bekomme ich den Job.« »Dieses Mal werden die Tests ergeben, dass der Tumor geschrumpft ist.« »Dieses Mal wird er wirklich aufhören zu trinken.« Wenn diese Hoffnungen mit dem Felsen der Unmöglichkeit kollidieren, dann gibt es nichts, das mehr schmerzt. Da steht der Vater. Alles ist vorbei. Seine letzte Chance ist zerstört. Er hat seinen Jungen verloren.

Mitten in diesem Moment kommt Jesus in diese chaotische Situation zurück, in die Dunkelheit, die den Jungen schon völlig umhüllt hat. Er richtet einige harte Worte an seine Jünger. Dann wendet er sich dem Vater zu und sagt etwas unfassbar Tiefes. Er fragt ihn: »Wie lange leidet der Junge schon daran?« Wir verpassen die Dimension dieser Frage, wenn wir sie nur als eine diagnostische lesen. Als wenn man zu einem Arzt geht und dieser fragt: »Wie lange schmerzt der Ellenbogen schon?« Oder wenn du deinen Computer zur IT bringst, dann ist die erste Frage: »Seit wann macht das System Probleme?« Wir deuten diese Frage Jesu als diagnostisch. Aber eigentlich glaube ich, dass es keine analytische Frage ist. Ich denke, es ist eine Einladung an den Vater, ein Bekenntnis abzulegen, seine Geschichte zu erzählen und die große Last, die er trägt, mit Jesus zu teilen. »Wie lange schon? Lange genug, um mich zu zerstören. Lange genug, um zu wissen, dass ich nicht mehr weiß, wie ich weitermachen soll, wenn sich nichts verändert. Lange genug, um mich entzweizureißen.«

Aber inmitten der Suche nach einer Antwort auf Jesu Frage, findet der Vater gerade noch genug Hoffnung. Er schaut nicht einmal auf, aber er sammelt all seinen Mut und sagt: »Rabbi, wenn du kannst ...«. Jesus unterbricht ihn und sagt: »Wenn ich kann? Alles ist möglich, dem der da glaubt.« Und dann bekommen wir diesen wunderschönen Ausdruck neutestamentlichen Glaubens, eines Glaubens inmitten der *Säkularität 3* nach Charles Taylor[6]. Der Vater sagt: »Ich glaube, hilf meinem Unglauben.«

Mein Ziel mit diesem Buch ist es, dir zu zeigen, dass dies der Kern der christlichen Jugendarbeit ist und dass dies unseren Dienst transformieren kann. Im *theological turn* geht es darum, mit jungen Menschen zu leben und nah genug an ihnen dran zu sein, um sie fragen zu können, »Wie lange schon?« Es geht darum, nah genug zu sein, um ihre eigenen Antworten auf diese Frage »Wie lange schon?« ertragen zu können. Und es geht darum, ihnen mitten in den Bekenntnissen ihres ›Wie lange schon?‹, Zeugnis geben zu können, dass Gott handeln wird – dass er uns sieht, uns am Kreuz in unserem ›Wie lange schon?‹ begegnen will und Leben aus dem Tod hervorbringen kann.

Der *theological turn* in der Jugendarbeit bedeutet, dass wir zu Menschen werden, die anderen pastoral dienen. Der *theological turn* in der Jugendarbeit bedeutet, dass wir an gottverlassene Orte gehen – im Wissen, dass Gott gerade dort wirken will und wird, wo die Situation gottverlassen erscheint. Wenn alles verloren scheint, nimmt Gott, was zerbrochen ist, und macht es heil; er nimmt, was tot ist, und macht es lebendig. Was Gott von den ihm Dienenden fordert, ist, mutig genug zu sein, Dinge beim Namen zu nennen. Der *theological turn* bedeutet, Jugendliche in ihren tiefsten Sorgen und Schmerzen zu begleiten, mit ihnen ihre größten Freuden zu feiern und immer und immer wieder zu fragen: »Wie lange schon?« Auf diese Weise verkörpern und bezeugen wir diesen Gott, der sich zu erkennen gibt in Jesus Christus.

Literatur
Bonhoeffer, Dietrich, Register und Ergänzungen, in: Anzinger, Herbert / Pfeifer, Hans (Hg.): DBW 17, Gütersloh 1999, 81–84.
Root, Andrew, Bonhoeffer as Youth Worker. A Theological Vision for Discipleship and Life Together, Grand Rapids 2014.
Root, Andrew, Bonhoeffer und die Jugendarbeit, Jesus nachfolgen und gemeinsam leben, Gießen 2025.
Root, Andrew, Youth Ministry as a Magical Technology. Moving Toward the Theological, in: Catalyst 40/1, 2013.
Root, Andrew / Dean, Kenda Creasy, The Theological Turn in Youth Ministry. Downers Grove 2011.

---

6   Dieser Begriff wird im ersten Beitrag dieses Bandes ausgeführt.

Die Kirche nach Innovation:
Was Karl Barth und Hartmut Rosa zum Überdenken von Praktischer Theologie und Gemeindearbeit heute beitragen können

Andrew Root

Mit diesem letzten Kapitel möchte ich ausführen, was in meinen vorherigen Beiträgen in diesem Band immer weiter eingekreist wurde. Es soll um ›Kirche in der Krise‹ gehen. Ich glaube, dass mir fast jeder in der westlichen Welt zustimmen würde, wenn ich behaupte, dass sich die Kirche in einer Krise befindet. Allerdings befürchte ich, dass wir die falsche Krise im Blick haben. Das, was wir für die Krise halten, ist möglicherweise nicht die eigentliche Krise. Dies könnte uns zu einem noch größeren Problem führen. Wir werden uns also die tatsächliche Krise anschauen, in der sich die Kirche befindet. Dies sollte aus einer größeren praktisch-theologischen Perspektive betrachtet werden. Wenn wir die Krise richtig verstehen wollen, ist es essenziell, über unser Handeln nachzudenken. Wie handeln wir? Welche Art Handlung braucht es?

Ich verstehe die Praktische Theologie als eine Theologie des Handelns. Und Handlung hat immer auch etwas mit der gegenwärtigen Zeit zu tun. Daher müssen wir uns mit großen Fragen auseinandersetzen, wenn wir über die Krise der Kirche nachdenken. Kann es sein, dass einige unserer Grundannahmen über vermeintlich notwendige Veränderungen die Situation in Wahrheit noch verschlimmern? Verschlechtern wir die Dinge nur, obwohl wir die besten Absichten verfolgen? Zumindest in meiner Heimat, den USA, wird Veränderung als etwas grundsätzlich Gutes betrachtet. Veränderung ist immer gut. Verändere dich einfach immer weiter! Aber diese Einstellung kann zu einem Problem werden.

In den meisten Gesprächen mit Mitgliedern protestantischer Kirchen sind sich alle einig, dass sich die Kirche verändern muss. Vor nur ca. 25 Jahren wäre dieser Konsens nicht so deutlich gewesen. Zumindest in Amerika wären bestimmt 30 % der Kirchenmitglieder völlig zufrieden mit der damaligen Situation gewesen. Vielleicht hätte man sich kleinere Modifikationen an der Liturgie oder Ähnliches gewünscht, aber im Großen und Ganzen war man genügsam. Das hat sich mittlerweile verändert. Inzwischen stimmen plötzlich alle darin überein, dass die Kirche sich verändern muss. Aber in diesem seltsamen Moment, in dem sich alle einig sind, dass der Protestantismus Veränderung braucht, hat scheinbar niemand mehr die Kraft, irgendetwas voranzubringen. Plötzlich kann keiner mehr sagen, wie genau diese Veränderung aussehen sollte. Alle fühlen sich irgendwie niedergeschlagen. Ich frage mich, ob wir hier eine Parallelität haben. Es könnte eine Art Zeitkrankheit sein, in der uns unsere

Vorstellung von Veränderungen krank macht.¹ Wie also können wir diese Zeitkrankheit verstehen?

Beschleunigung durch Technologie

Mit Hilfe von Hartmut Rosa können wir uns einem Verstehen annähern. Er behauptet, dass die moderne Realität uns diese Art der Zeitkrankheit auferlegt hat, in der unser Leben schneller zu werden scheint und immer noch weiter beschleunigt wird. Beschleunigung ist der Modus unseres eigenen Handelns und der institutionellen Strukturen, in denen wir leben.² Er benennt drei verschiedene Modi dieser Beschleunigung.

Der erste Modus ist offenkundig. Wenn ich dir ein Stück Papier gebe und dich bitten würde aufzuschreiben, auf welche Weise sich unser Leben beschleunigt hat, dann würdest du die Erste sofort wissen. Es geht selbstverständlich um *technologische* Beschleunigung.³ Unsere technischen Geräte scheinen immer schneller zu werden. Dies wird vom sogenannten ›Mooreschen Gesetz‹ unterstützt. Das ist eine Theorie in der Informatik, die besagt, dass sich die Leistung von Mikroprozessoren ca. alle 18 Monate verdoppelt, während sich der Preis in derselben Zeit halbiert.⁴ Tatsächlich war das auch über Jahrzehnte der Fall. Aber inzwischen ist es vorbei – das Mooresche Gesetz gilt so nicht mehr. In meinem vorherigen Kapitel hatte ich die Mondlandungen der Apollo-Missionen erwähnt. Ist es nicht bemerkenswert, dass jeder von uns in seiner Hosentasche weit mehr Rechenleistung mit sich herumträgt, als die Raumschiffe hatten, die auf dem Mond gelandet sind? Unsere Geräte, unsere Technologie wird einfach immer schneller und macht damit auch unser Leben immer schneller.

Aber es geht nicht nur um Geräte. Hartmut Rosa sagt, technologische Beschleunigung sei »the intentional speeding up of the *goal-directed* processes of transport, communication and production.«⁵. Transport, Kommunikation und Produktion sollen immer schneller und effizienter gemacht werden. Aber wenn es eben nicht immer schneller und effizienter geht, dann löst das einen großen Ärger in uns aus. Es gibt ein bestimmtes moralisches Gespür in uns, das uns sagt, alles sollte immer schneller gehen.

Nur die wenigsten wissen das, aber in den USA haben Fluggesellschaften tatsächlich damit begonnen, wieder langsamer zu werden. Die Flugzeit von z. B. Minneapolis

---

1 Vgl. Root, Andrew, The Church After Innovation. Questioning Our Obsession with Work, Creativity, and Entrepreneurship, Grand Rapids 2022, 57–60. Vgl. auch Root, Andrew, The Congregation in a Secular Age. Keeping Sacred Time Against the Speed of Modern Life, Grand Rapids 2021, 59–62.
2 Vgl. Rosa, Hartmut, Beschleunigung. Die Veränderung der Zeitstrukturen in der Moderne, Frankfurt am Main 2005.
3 Vgl. Root, The Congregation in a Secular Age, 127–128.
4 Vgl. Root, The Congregation in a Secular Age, 65–67.
5 Rosa, Hartmut, Alienation and Acceleration: Towards a Critical Theory of Late-Modern Temporality, Malmö 2014, 16. Vgl. Root, The Congregation in a Secular Age, 65.

nach Los Angeles dauert heute ca. 15–20 Minuten länger als noch vor zehn Jahren. Das liegt daran, dass die Fluggesellschaften Treibstoff sparen wollen. Aber das wurde nie offiziell gemacht. Wenn dies einer großen Öffentlichkeit bewusst wird, sind die Menschen völlig empört darüber, dass sie nicht 15 Minuten eher in Los Angeles ankommen. Wenn die Beschleunigung also ausbleibt, wenn Transport, Kommunikation und Produktion nicht schneller werden, dann denken wir, dass das eigentlich der Fall sein sollte. Wir werden ärgerlich, wenn wir nicht schneller werden und mit Verspätungen und Ähnlichem zu tun bekommen.

Was ich hierbei bemerkenswert finde, ist, dass wir in eine existenzielle Krise geraten, sobald wir diese Beschleunigung von Transport, Kommunikation und Produktion zu spüren bekommen. Wir beginnen, uns Sorgen zu machen, dass z. B. unser Gehirn Schaden nehmen könnte. Ich weiß nicht, ob es in Deutschland auch so war, aber vor ca. 20 Jahren gab es in den großen Nachrichtenagenturen Amerikas eine Menge Geschichten wie die, dass im Jahr 2025 die meisten Amerikaner an Hirntumoren leiden würden usw. Alle waren sehr besorgt darüber, denn jeder hatte sein Handy ständig am Ohr, was dann letztlich zu einem Hirntumor hätte führen müssen. Es gab viele dieser Stories, aber nichts dergleichen ist passiert. Vielleicht war das einfach keine gute Wissenschaft. Außerdem konnten sie noch nicht wissen, dass 2007 eine Firma in Nordkalifornien ein Smartphone entwickeln würde. Dies sollte dazu führen, dass viel weniger telefoniert wird. Als das iPhone herauskam, sah man plötzlich weniger Menschen mit dem Mobiltelefon am Ohr. Alle schauten nur noch nach unten, um zu chatten. Wir brauchen also keine Hirnchirurgen, sondern Physiotherapeuten, um unsere Nacken zu behandeln.

Aber wir haben uns solche Gedanken gemacht. Allein schon dies weist uns auf diese existenzielle Krise hin. Wenn die Technologie einen Sprung macht, beginnen wir uns um den Zustand unseres Gehirns zu sorgen. Zumindest im nordamerikanischen Kontext wiederholt sich das immer wieder. Es gab ähnliche Geschichten im späten 19. Jahrhundert, als die Eisenbahn aufkam. Forschende schrieben Artikel, in denen sie davon abrieten, in einen Personenzug zu steigen, weil sie sich damals nicht sicher waren, ob das menschliche Gehirn eine Geschwindigkeit von mehr als 40 km/h aushalten würde. Mit anderen Worten, man war sich nicht sicher, ob das Gehirn einer Geschwindigkeit standhalten würde, die über der eines Pferdes lag. Man hatte so etwas noch nie gesehen und empfahl daher, nicht in einen Zug zu steigen. Wenn es also einen Beschleunigungsschub von Transport, Kommunikation und Produktion gibt, beginnen wir, uns Sorgen um unsere Gehirne zu machen.

In Amerika wurde 1883 begonnen, die Uhrzeiten zu vereinheitlichen. Ich finde, das ist erstaunlich spät. Mit der Vereinheitlichung unserer Uhren, haben wir unsere vier Zeitzonen in den USA geschaffen. Auch auf die gleiche Minutenzeit wurde umgestellt. Das war davor nicht der Fall: Wenn man in einem Dorf oder einer Stadt lebte, die 15 Kilometer von einer anderen entfernt war, spielte es keine Rolle, ob man genau dieselbe Zeit hatte, wie die andere Stadt oder das andere Dorf. Man konnte sich nicht so schnell bewegen, dass das von Bedeutung gewesen wäre. Es konnte an einem Ort 10:15 Uhr und am anderen gleichzeitig 10:35 Uhr sein, und es war relativ egal. Aber als es dann Personenzüge gab und man sich schneller durch den Raum bewegen konnte, war es plötzlich wichtig, Zeittafeln aufzustellen, damit sich all nach der gleichen Uhrzeit richteten.

Unsere Denken über Zeit hat einen großen Einfluss auf die Vorstellung von unserer Welt. Die Beschleunigung von Transport, Kommunikation und Produktion beeinflusst auch, wie wir über uns selbst denken und welche Handlungen uns wichtig sind. Das führt dazu, dass wir denken, dass die benötigten Handlungen und Veränderungen immer auf Verfügbarkeit zielen.

Im ersten Beitrag hatte ich die drei ›A‹ von Hartmut Rosa[6] erwähnt. Gute Veränderung kommt unter anderem durch mehr Verfügbarkeit. Wir wollen immer mehr Dinge, die für uns verfügbar sind. Wenn sich die Kirche also verändern will, dann muss sie schneller werden und mehr für uns verfügbar machen. Das Komische ist aber, dass für einen spätmodernen Menschen unglaublich viele Dinge verfügbar sind. Trotzdem scheint dies wie ein Bumerang zurückzukommen und uns in eine existenzielle Krise zu führen.

In meiner Familie haben wir beschlossen, uns das Paket aller Apple-Streamingdienste zu buchen. Für einen relativ niedrigen (sich aber ständig erhöhenden) Preis, haben wir Zugriff auf alle Angebote. Du hast Apple TV, Apple Music (im Prinzip jedes jemals aufgenommene Lied), Apple News (Zugriff auf 50 verschiedene Magazine und über hundert Zeitungen der ganzen Welt), Arcade (tausende Videospiele) und Apple Fitness (Zugang zu Aerobic-Trainern). Du kannst über all diese Dinge verfügen. Du hast es. Uns ist absolut alles verfügbar und wir zahlen nur einen relativ kleinen Preis dafür. Anfangs waren es 29 Dollar, inzwischen sind wir bei 43 Dollar angelangt. Manchmal sitze ich am Küchentisch und führe eine Liste darüber, wer was nutzt. Ganz ehrlich? Wir nutzen fast nichts davon. Das ist alles ständig verfügbar, aber keiner hat jemals auch nur ein Videospiel gespielt. Ich sitze dann also am Esstisch und frage: »Hat irgendjemand Apple News genutzt? Wir bezahlen dafür.« Keiner. »Hat jemand irgendeine der Serien auf Apple TV geschaut?« Keiner. Wir nutzen nur einen Bruchteil dessen, was uns eigentlich zur Verfügung steht. Und ich beginne, mich schuldig zu fühlen, weil ich doch alle diese Dinge zur Verfügung habe, aber keine Zeit finde, sie zu nutzen. Wir alle sind gegenwärtig in dieser seltsamen Situation.

Noch vor wenigen Generationen war Verfügbarkeit noch ein großes Problem. Heute ist uns alles verfügbar. Jeder, der dieses Buch liest, könnte jetzt sofort beginnen russische Literaturklassiker zu lesen. Du könntest jetzt sofort dein Smartphone nehmen und Tolstoi durchschauen. Tue es nicht! Aber du könntest es. Das Problem ist, dass du nicht genug Zeit hast, es zu tun. Jetzt, wo uns alles jederzeit verfügbar ist, stellt sich die Frage: Wie kann ich schneller werden, um all diese Verfügbarkeit zu nutzen?

---

6   Gemeint sind Accessibility, availability, attainability (Dt.: Zugänglichkeit, Verfügbarkeit und Erreichbarkeit) [AJ].

Beschleunigung des Soziallebens

Wenn wir über die Kirche nachdenken, meinen wir häufig, dass sie einfach mehr beschleunigen muss, um immer mehr verfügbar zu machen. Aber das ist lediglich die erste Form der Beschleunigung. Rosa sagt, dass die Beschleunigung des *Soziallebens* der *zweite Modus der Beschleunigung* sei. Diese prägt die Art und Weise, wie wir über das Leben und die Kirche Schlüsse ziehen, wie wir unsere sozialen Normen verändern, wie wir über uns selbst denken und wie wir meinen, dass man sich richtig verhält und richtig redet. Es gab eine unglaubliche Beschleunigung in der Art, wie wir sprechen und wie wir sind. Wenn du in der Jugendarbeit tätig bist, dann bekommst du das mit. Du weißt, dass sich die moralischen Rahmenbedingungen stark verändert haben. Die Art und Weise, wie wir über Geschlechter, über Fragen nach Gerechtigkeit und den Gebrauch von Sprache nachdenken, hat sich allein in den letzten paar Jahren sehr schnell und stark verändert.

Man kann dies aus der Perspektive einer Verfallsrate betrachten. Forschende aus der Soziologie würden sagen, dass die Verfallsrate die Zeitspanne ist, die ein Ding braucht, bis es nicht mehr aktuell ist.[7] Man kann sich das (mal wieder) am besten am Beispiel der Technologie vorstellen. Wie lange braucht dein Computer bis er nicht mehr aktuell ist? Man geht davon aus, dass es ca. drei Jahre dauert, bis dein Rechner ›alt‹ ist. Wenn er mehr als drei Jahre alt ist, wird er nicht mehr repariert. Man könnte ihn natürlich noch reparieren, aber es würde eine Menge Geld kosten. Die Garantie auf deinen Computer verfällt in der Regel nach drei Jahren. Für die meisten Smartphones sind es nur zwei Jahre. Es ist nicht mehr ›neu‹, wenn es älter als zwei Jahre ist. Es ist verfallen, alt und nicht mehr aktuell.

Vor einigen Jahren war ich in einem Café in einer amerikanischen Studentenstadt. Der Laden war voll, es gab keine Sitzplätze mehr und überall waren junge Erwachsene. Dann kam eine Studentin zur Tür herein. Sie bestellte einen Kaffee, aber es gab keinen Sitzplatz mehr. Ich hatte glücklicherweise einen der letzten Stühle an der Theke ergattern können. So konnte ich die Szene gut beobachten, war aber zu weit weg, um eingreifen zu können. Sie kommt also mit einem Stapel Bücher in der Hand und ihrem Laptop obendrauf herein, holt sich ihren Kaffee, schaut sich nach einem Platz um und – man konnte es sehen: Der Laptop begann zu rutschen und dann zu fallen. Sie versuchte ihn noch in ihrem Schoß zu fangen, aber keine Chance ... Er fiel auf den harten Zementboden. Rundherum zuckten alle zusammen, drehten sich um und schauten sie an. Mein Respekt an sie, denn sie blieb ruhig und cool. Sie setzte ihre Bücher ab, hob ihren Laptop auf, wandte sich an die Menschenmenge und sagte: »Keine Sorge. Alles okay. Es war nur ein ›alter‹ Computer.« Damit waren scheinbar alle zufrieden. »Okay, dann brauchen wir uns ja keine Gedanken zu machen.« Ich schaute den Computer an. Er war nicht neu, aber auch nicht uralt. Vielleicht fünf oder sechs Jahre. Aber das reicht schon. Damit ist er nicht mehr neu und wir mussten uns keine

---

7   Vgl. Root, The Congregation in a Secular Age, 83–87.

Gedanken machen, ob er vielleicht gerade kaputtgegangen war. Das ist die Verfallsrate, wenn etwas nicht mehr neu und nicht mehr aktuell ist.

Jetzt beziehen wir das auf den Kontext sozialer Normen, darauf, wie wir reden und miteinander interagieren. Wie lange dauert es hierbei, bis etwas nicht mehr aktuell ist? Die Verfallsrate beschleunigt sich rasend. Für Netflix in den USA war die Serie *The Office* lange Zeit eines ihrer wichtigsten Streaming-Angebote. Aber dann hat die Produktionsfirma NBC, einen eigenen Streaming-Dienst eröffnet und fortan keine Rechte für ihre Produkte weitervergeben. Das hatte große Auswirkungen auf den Marktanteil von Netflix. Die New York Times berichteten, dass über 30 % der Netflix-Streams in den Vereinigten Staaten auf diese Serie entfielen. Und was alles noch schlimmer machte: Die Mehrheit von diesen Nutzenden war die wichtige Zielgruppe der 15 bis 25-Jährigen. Diese sahen sich *The Office* anscheinend einfach immer wieder an. Die Serie lief immer im Hintergrund, einfach ununterbrochen. Die berühmte Popsängerin Billie Eilish gehört dazu. In ihrem ersten Album sind mehrere kleine Soundschnipsel von *The Office* zu hören. Nachdem sie den Grammy gewonnen hatte, fragte man sie: »Warum? Warum hört man diese kleinen Ausschnitte von *The Office*?« Sie antwortete: »Der Grund ist, dass ich den ganzen Tag nichts anderes tue als *The Office* schauen. Es läuft die ganze Zeit. Als mein Bruder und ich das Album aufnahmen, lief *The Office* permanent im Hintergrund.« Und sie sagte: »Ehrlich gesagt, *The Office* ist wie Therapie für mich. Ich finde es einfach beruhigend. Also nutzte ich es als Therapie.« Und dann sagt sie diesen einen Satz, der mich komplett verstört zurückließ. Sie sagte: »Ich liebe *The Office*, weil diese Serie so nostalgisch ist. Sie ist wie ein Bild von einer verlorenen Welt, die nicht mehr existiert – von einer einfacheren Zeit.« Wer sich noch daran erinnert, wie neue Folgen der Serie herauskamen, fühlt sich durch diese Aussage sehr schnell sehr alt. Es ist vielleicht schon etwas her, dass es neue Folgen gab, aber nun wirklich nicht *so* lange. Aber für Billie Eilish fühlt es sich wie eine uralte und einfachere Welt an, die sie nie gekannt hat.

Tatsächlich wurde Steve Carell, der die Rolle des Michael Scott in der Serie spielte, gefragt, ob er bei einem Reboot der Serie mitmachen würde. Er sagte ab. Weil er inzwischen ein Star ist, hat er es vielleicht nicht mehr nötig, in einer Serie mitzuspielen. Aber seine Begründung war anders. Er sagte: »Ich werde es nicht tun, weil ich Michael Scotts Witze einfach nicht mehr für angemessen halte.«[8] In anderen Worten, die sozialen Normen und der Humor sind nicht länger angemessen. Normen haben sich verändert. Man kann darauf wetten, dass auf jedem Flug in den Vereinigten Staaten irgendwelche Fluggäste *The Office* auf ihrem iPad oder Bildschirm an ihrem Sitz schauen. Jeder schaut *The Office*. Und wenn du die Serie anschaust, dann wette ich mit dir, dass du spätestens bei der dritten Folge laut lachen wirst. Du wirst es genial finden. Aber dann wirst du auch zu dir selbst sagen: »Ich glaube, man kann das so nicht mehr sagen. Ich glaube nicht, dass man diesen Witz heute noch bringen könnte.« Ein Großteil des Humors in der Sendung ist nicht mehr angemessen. Wenn er heute in einer Serie vorkäme, würde man sie absetzen. Hieran kann man erkennen, wie schnell die Beschleunigungsprozesse voranschreiten.

---

8   Vgl. Root, The Congregation in a Secular Age, 85.

Wir denken, dass gute Veränderung bedeutet, bessere Verfügbarkeit zu schaffen. Wir wollen, dass Dinge schneller greifbar werden. Genau das wird zu einer großen Herausforderung für Pastoralpersonen und Gemeindeleitungen. Wie geht man damit um, dass Menschen in dieser Zeit der schnellen Veränderungen ein unterschiedlich schnelles Tempo vorlegen? Eine gute Veränderung und die Maßnahmen, die wir dazu ergreifen müssen, sollten die Dinge immer zugänglicher machen. Aber auch hier gibt es ein Problem.

Der koreanisch-deutsche Philosoph Byung-Chul Han versteht es, beeindruckende aber gleichzeitig kurze Bücher zu schreiben. Eins seiner Themen ist, wie wir spätmodernen Menschen in der westlichen Welt vom ›Glatten‹ (engl. smooth) besessen sind. Wir wollen, dass alles glatt ist.[9] Unsere Smartphones sind glatt und schlicht. Der amerikanische Künstler Jeff Koons erstellt riesige Skulpturen, z. B. Ballontiere aus Glas, die er für ungefähr fünfzehn Millionen Dollar verkauft. Tausende Menschen gehen hin und machen Selfies mit diesen Tierstatuen. Han findet die Skulpturen unglaublich grotesk. Für ihn sind sie zu glatt, ohne Tiefe und mit fehlendem Sinn für Andersartigkeit. Dies legt offen, wie die Art von Veränderung ist, die wir suchen. Wir wollen, dass immer alles glatt und positiv ist. Han denkt, dass wir niemals wirklich zu einer tiefen Veränderung kommen können, solange kein Sinn für Andersartigkeit da ist, der uns zum Negativen führt. Wir brauchen Negativität, um dem Anderssein wirklich begegnen zu können. Aber die Art Veränderung, die wir zu brauchen glauben, sollte immer glatt und verfügbar sein. Und alles muss natürlich immer noch schneller gehen.

Beschleunigung des Lebenstempos

Der dritte Modus der Beschleunigung ist die Beschleunigung unseres Lebenstempos. Wenn wir eine Beschleunigung durch Technologie bekommen, dann sollten uns diese Durchbrüche aus dem Silicon Valley doch eigentlich Zeit sparen. Es sollte mehr Raum und mehr Verfügbarkeit geschaffen werden, um unsere einmalige Identität noch besser ausdrücken zu können. Das Tempo unseres Lebens sollte sich durch neue Technologien eigentlich verlangsamen. Wir sollten mehr, statt weniger Zeit haben. Mein Leben fühlt sich aber von Tag zu Tag voller und beschäftigter an. Es fühlt sich nicht im Geringsten danach an, dass sich irgendetwas verlangsamt.

Der Grund dafür lässt sich anhand von E-Mails veranschaulichen. Die Erfindung der E-Mail sollte uns ursprünglich eine Menge Zeit einsparen. Zeichnen wir mal eine fiktive Historie der Weltgeschichte nach: Hatte man vor der Existenz der E-Mail einen Job und musste schriftlich korrespondieren, so musste man vielleicht 10 Briefe am Tag schreiben. Dies dauerte vielleicht ca. zwei Stunden. Die geschriebenen Briefe wurden dann auf offiziellem Papier ausgedruckt, in einen Umschlag gesteckt, mit Briefmarken beklebt, mit einer Adresse versehen und zur Post gebracht. Vielleicht

---

9   Vgl. Root, Andrew / Bertrand, Blair, When Church Stops Working. A Future for Your Congregation beyond More Money, Programs, and Innovation, Grand Rapids 2023, 82–83.

hätte man zehn dieser Korrespondenzen in zwei Stunden geschafft. Was passierte dann? Dieses Ding namens elektronische Post – kurz E-Mail – kam auf. Wie lange braucht man um zehn E-Mails zu schreiben? Nun, wenn du langsam bist, brauchst du vielleicht eine halbe Stunde. Das wäre der Beweis. Seit 1995 hätten wir alle anderthalb Stunden mehr Lebenszeit pro Tag gehabt. In dieser alternativen Weltgeschichte würde in jeder größeren Stadt eine Statue für den Webbrowser stehen, weil er unser aller Leben verändert hätte. Seit 1995 hätten wir uns gesünder ernährt, mehr Sport getrieben, begonnen, russische Literatur zu lesen usw. Dank der E-Mail wären wir heute alle sehr viel weiterentwickelter, weil wir zusätzliche anderthalb Stunden am Tag geschenkt bekommen hätten. Selbstverständlich ist diese alternative Geschichte ein völliges Hirngespinst, denn wir alle wissen, dass die Erfindung der E-Mail uns nicht mehr Zeit beschafft hat. Was die E-Mail tatsächlich mit großem Erfolg getan hat, ist, Bedingungen zu schaffen, um *mehr* Aktionen in derselben Zeitspanne durchführen zu können. Das Problem ist, dass wir heute mit E-Mails nicht mehr zehn Korrespondenzen am Tag durchführen, sondern zwanzig, dreißig oder mehr. Jetzt musst du plötzlich 50 Mails pro Tag beantworten und dafür sind zwei Stunden knapp. Also beschließt du, dein Tablet oder deinen Laptop zu jedem Schwimmtraining deines Sohnes mitzunehmen. Während die Kinder schwimmen, beantwortest du E-Mails. Wenn dein Kind schwimmt, dann setzt du deinen Computer ab und schaust kurz zu. Wenn die anderen Kinder dran sind, kannst du schnell ein paar E-Mails checken. Und erst nach fünf oder sechs Jahren merkst du, dass du eigentlich bei keinem einzigen Schwimmtraining wirklich anwesend warst.

Wir fühlen uns so gestresst, weil wir jetzt mehr Aktionen innerhalb derselben Zeitspanne durchführen können: Nicht zehn E-Mails, sondern dreißig oder vierzig. Ich glaube, dass das auch zu einem spirituellen Problem wird. Wir neigen dazu, zu denken, dass die gute Form der Veränderung darin besteht, immer *mehr* zu erreichen.[10] Wie können wir *mehr* erreichen? Wie können wir *mehr* Aktionen durchführen? Die Kirche scheint zu scheitern, weil sie nicht ausreichend verfügbar, zugänglich und erreichbar ist. Wir wollen, dass sie sich dahingehend verändert. Aber wie gesehen, das zwingt uns dieses tiefe Bedürfnis nach Beschleunigung auf. Ich glaube, dass das für viele unserer Leute eine spirituelle Krise bedeutet. Um diese spirituelle Krise zu veranschaulichen, möchte ich einen Zeitungsartikel erwähnen. Er stammt aus der bekannten Satire-Zeitung *The Onion*. Einer der Gründe für ihren Erfolg ist, dass ganz banale Dinge wie wirklich wichtige Nachrichten präsentiert werden. Hier also einer dieser Artikel, der veröffentlicht wurde. Hat das etwas mit deinem Leben zu tun?

> **Ein Mann, der kurz davor war, Spaß zu haben, wird sich plötzlich all seiner Verantwortung bewusst.**
>
> Seine Verantwortungen schob er von sich weg und entspannte sich, indem er noch ein Bier aufmachte. Doch plötzlich erinnerte er sich an ein Zeitschriftenabonnement, das bis Freitag erneuert werden musste, an eine überfällige Arztrechnung

---

10 Vgl. Root, When Church Stops Working, 5f.

und an die Tatsache, dass er bis heute Abend die Wäsche waschen musste, weil ihm sonst die sauberen Socken und die Unterwäsche ausgehen würde. »Wer hat die Hähnchenschenkel gemacht?«, fragte der Mann, der es beinahe zugelassen hätte, einen schönen Abend mit seinen engsten Freunden zu genießen, bevor er sein Gehirn mit Gedanken damit überschwemmte, dass er seinen derzeitigen Job aufgeben sollte, aber die Arbeit aufschiebt, die für einen Übergang notwendig wäre. »Die sind so lecker!«

Während sein Gastgeber mit Platt darüber plauderte, wie sehr er sich auf den neuen Superman-Film freute, konnte Platt, so bestätigten Quellen, nur daran denken, dass seine seit kurzer Zeit verheiratete Schwester am nächsten Wochenende in die Stadt kommen und bei ihm übernachten wollte. Das erinnerte ihn daran, dass er seine Wohnung aufräumen musste. Das erinnerte ihn daran, dass er zusätzliches Bettzeug kaufen musste, damit seine Schwester darauf schlafen konnte. Das erinnerte ihn daran, dass er nach der Arbeit noch einen Abstecher zum Möbelmarkt machen musste. Das erinnerte ihn daran, dass er nach der Arbeit müde sein würde und keine Lust haben würde, zum Möbelhaus zu fahren. Das erinnerte ihn daran, dass er auch zum Lebensmittelgeschäft gehen musste, weil seine Schwester ihn für unverantwortlich halten würde, wenn sie seinen leeren Kühlschrank sehen würde. Das erinnerte ihn daran, dass er und seine Schwester sich nicht so nahestehen, wie er es gerne hätte. Das erinnerte ihn daran, dass seine Eltern im Alter, in dem er nun selbst war, bereits ein Haus und zwei Autos hatten. Das erinnerte ihn daran, dass er seit über fünf Jahren mit seiner Freundin zusammen war und dass er sich, obwohl alles recht gut lief, von der Aussicht auf eine Heirat und dem wachsenden Druck, ihr einen Antrag zu machen, überfordert fühlte. »Ja, der Superman-Film scheint gut zu sein«, sagte Platt lächelnd, der nur daran dachte, dass er vor über zehn Jahren seinen Universitätsabschluss gemacht hatte und immer noch 86.000 Dollar an Studienkrediten abbezahlen musste. »Ich kann es kaum erwarten, ihn zu sehen.«

Laut Berichten war der Mann fast davon überzeugt, dass alle seine Pflichten zu gegebener Zeit erledigt sein würden und er sich einfach entspannen sollte, als ein Freund von einer Reise erzählte, die er kürzlich mit seiner Frau unternommen hatte. Das brachte Platt dazu, darüber nachzudenken, dass er immer noch die Leasingbedingungen für seinen 2010er Jetta neu aushandeln musste; eine Aufgabe, die er aufgeschoben hatte, bis er einen Blechschaden repariert hatte. Außerdem dachte Platt über die Anzahl der offenen Umschläge auf seinem Küchentisch nach. Einige der Inhalte, an die er sich erinnern konnte, waren wirklich wichtig und sollten noch einmal überprüft werden, bevor er sie wegwarf. »Hey, ich muss los«, sagte der Mann, der sich kaum noch daran erinnern konnte, was irgendjemand irgendwann während der Zusammenkunft gesagt hatte. »Nur ein paar Dinge, die ich heute Abend noch erledigen muss. Aber das hier war großartig«, fügte er hinzu.[11]

---

11 Vgl. The Onion, Man on Cusp of Having Fun Suddenly Remembers Every Single One of His Responsibilities, https://theonion.com/man-on-cusp-of-having-fun-suddenly-

Spirituelle Krise durch dynamische Stabilisierung

Das ist die spirituelle Krise. Ich glaube, wir müssen damit anfangen, an die Menschen zu denken, die sonntags in unsere Gottesdienste kommen und über all diese anderen Dinge nachdenken. Als spätmoderne Menschen haben wir es sehr schwer, tatsächlich da zu sein, wo unser Körper ist. Wir denken ständig darüber nach, was als nächstes kommt, was wir noch zu tun haben, was heute noch erledigt werden muss. Es fällt uns schwer, einfach da zu sein, wo unsere Körper sind. All das sorgt dafür, dass Geschäftigkeit ein wichtiger Bestandteil der westlichen Erfahrungswelt wird. Wir fangen sogar an, das Beschäftigtsein als etwas Gutes darzustellen. Ist es nicht bemerkenswert, dass die ›gute Kirche‹ die beschäftigte Kirche ist? Die Gemeinde, bei der am meisten läuft, die am meisten beschäftigt ist, scheint doch die zu sein, die am besten ist. Beschäftigt sein wird geadelt, als wäre es die beste Art des Seins.

Der in die USA ausgewanderte deutsche Philosoph Erich Fromm hat 1976 das wunderbare Buch *Haben und Sein* veröffentlicht. Ein kurzer Abschnitt von ca. drei Seiten ist überschrieben mit *Aktivität und Passivität*.[12] Ich bin der Ansicht, dass man Hartmut Rosa dort fast komplett wiedererkennen kann. Ein Punkt Fromms, den ich für uns als Kirchenmenschen sehr aufschlussreich halte, ist, dass das Handeln an sich völlig sinnentleert geworden sei. Er führt dies auf die Reformation zurück, denn damals wurde das Priestertum aller Gläubigen verfochten. Dies führte dazu, dass alle Handlungen als vor Gott gleichwertig erachtet wurden. Statt eine betende, eine kämpfende und eine arbeitende Klasse zu haben, leben wir nun alle vor Gott gleich. Letztlich werden dadurch Handlungen den Dingen gleichgestellt. Dies schafft die Voraussetzung dafür, dass uns dann eine Bewertungsgrundlage dafür fehlt, was als gute oder schlechte Handlung zu betrachten ist. Warum sollte die eine Handlung wertvoller als eine andere sein? Innerhalb dieses Vakuums bleibt die für eine Handlung aufgewendete Energiemenge der einzig verbliebene Bewertungsmaßstab. Derjenige, der die meiste Kraft einsetzt, handelt am besten. Dadurch wird das ständige Beschäftigtsein zu einer guten Sache.

Wie ist es bei dir? Auf die Frage, wie es mir geht, antworte ich oft mit einem Seufzen und sage: »Gut. Es ist gerade stressig, aber sonst geht es mir gut.« Wenn ich sage, dass es stressig ist, dann versuche ich dir damit zu kommunizieren, dass bei mir viel los ist und ich eine Menge Energie aufwende. Das macht mich zwar ein wenig müde, aber es bedeutet auch, dass ich verfügbar, zugänglich und erreichbar bin. Es hat einen hohen Wert, beschäftigt zu sein. Wert lässt sich für uns nur durch die für etwas aufgewendete Energiemenge bemessen. Wer am meisten Energie aufbringt und am meisten beschäftigt ist, der scheint am besten zu handeln. Noch einmal: Die am meisten beschäftigte Gemeinde scheint die beste zu sein, selbst wenn sie Menschen von ihrem eigenen Leben entfremdet.

---

remembers-every-sing-1819575063, [2016-08-11].
12 Fromm, Erich, Haben oder Sein. Die seelischen Grundlgen einer neuen Gesellschaft, München [45]2018, 112–115.

Wenn ich mit meiner Frau streite, dann geht es im Prinzip immer um die gleichen Fragen. Es muss z. B der Geschirrspüler ausgeräumt werden. Wir schauen einander an und zählen dann auf, wer von uns an diesem Tag schon die meiste Energie aufgewendet hat. »Warum sollte ich den Geschirrspüler ausräumen? Ich habe schon die Kinder von der Schule abgeholt, den Rasen gemäht und den Müll rausgebracht. Außerdem hatte ich dieses und jenes Meeting.« Dann beginnen wir zu bewerten, wer die meiste Energie aufgewendet hat. Es gibt keinen anderen moralischen Rahmen, als zu prüfen, wer mehr zu tun hatte. Wer auch immer mehr beschäftigt war, muss diese oder jene Aufgabe nicht auch noch erledigen. Wohin führt das? Am Ende wird der beschäftigteste Pastor als der beste Pastor definiert.

Gegenwärtig ist Burnout bereits eine Epidemie. Wir steuern auf einen absoluten Burnout zu. Auch diese Veränderung kann man, wie Charles Taylor aufgezeigt hat, bis in die Zeit nach der Reformation zurückverfolgen. Plötzlich zählte nicht mehr, *was* man tat, sondern *wie* man etwas tat. Nicht mehr das *Was* war entscheidend, sondern das *Wie*. Die aufgewendete Energie wurde wichtiger. Es scheint, als ob alle Handlungen in unserem säkularen Zeitalter gleichwertig sind. Nur der Grad an Stress und der Energieaufwand entscheiden darüber, wie viel Gewicht eine Handlung erhält. Es entsteht der Eindruck, dass Beschäftigtsein zu einer Form von *Erfüllung* wird. Wir haben das Gefühl, dass ein volles Leben automatisch auch ein erfülltes ist. Das wiederum schafft auch die Voraussetzungen dafür, dass sich all das gegen uns wendet, uns ausbrennt und zu Depressionen führt.

Wenn wir über unser Handeln in dieser Welt nachdenken, merken wir, dass es diese Situation ist, in die wir uns hineinmanövriert haben. Die Beschleunigung hat sich tief in alle unsere Strukturen hineingegraben. Wir sind also herausgefordert, darüber nachzudenken, wie sich die Kirche verändern kann und wie sie reagieren sollte, um gesund zu bleiben. Wie sieht eine gesunde Institution aus?

Was sagt es über unser Verständnis von Kirche aus, wenn wir uns eine gute Pastoralperson so vorstellen, dass sie ständig beschäftigt ist und immer kurz vor dem Burnout steht? Was ist dann eine tragfähige und solide Institution, eine gesunde Kirche? Es wäre eine Kirche, die sich in einer Form von Stabilität durch Bewegung befindet. Das ist ein weiterer Punkt von Hartmut Rosa: »It appears that every western institution, the way it stabilizes itself, is through growth.«[13] Vor allem im Westen, aber auch in der globalisierten Welt insgesamt, sind nur wachsende Institutionen wirklich stabil. Was nicht wächst, bleibt nicht stabil. Rosa nennt das »dynamische Stabilisierung«: d. h. man erhält sich selbst, indem man größer wird. Doch dieses Prinzip ist tückisch, denn wenn eine Organisation – sagen wir, ein Unternehmen – in einem Jahr um 30 % wächst, kann man im nächsten Jahr nicht einfach sagen: »Das war ein starkes Jahr, lasst uns jetzt mal auf 5 % drosseln.« Rosa will sagen, dass das System so nicht funktioniert. Bei 30 % Wachstum im Jahr, muss man im Folgejahr mindestens um 31 % zulegen. Man kann den Motor für weiteres Wachstum nie abstellen. Das hört man überall auf der Welt, vor allem im Westen. Jeder Politiker, der für ein Amt kandidiert,

---

13 Rosa, Hartmut, The Uncontrollability of the World, Medford 2020, 9. [Dt.: »Es scheint, dass jede westliche Institution sich durch Wachstum stabilisiert.« AJ].

verkündet: »Wählt unsere Partei. Wir können die Wirtschaft ankurbeln.« Man hat das Gefühl, dass sich die Dinge immer weiter beschleunigen müssen. Es läuft auf die Gleichung G + W = G' (Geld + Ware = mehr Geld) hinaus. Der Wirtschaftswissenschaftler Herman Daly hat dieses auf Marx zurückgehende Prinzip aufgegriffen. Man investiert Geld in die Wirtschaft, um mehr Geld zu verdienen. Man muss weiterwachsen. Sogar das westliche Bildungswesen funktioniert so, es dient auch der dynamischen Stabilisierung. An allen Universitäten gilt das Prinzip W + F = W' (Wissen + Forschung = mehr Wissen). Das Ziel ist es, Wissen zu vermehren. Man kann das schön am amerikanischen College-Sport beobachten. Bei jeder TV-Übertragung wird während der Unterbrechungen ein Werbespot der beteiligten Universitäten gezeigt. Darin kommt immer die Gleichung W + F = W' (Wissen + Forschung = mehr Wissen) vor. Sie sagen Dinge wie: »Die Universität von Wisconsin, wo hinter jeder Ecke ein Durchbruch geschieht.« »Die Universität von Toledo, wo das Morgen schon heute stattfindet.« »Die Universität von Kalifornien, wo wir Ideen entwickeln und die Welt verändern.« Man spürt immer, dass es bei der Forschung darum geht, Wissen zu erweitern. Eine gute Universität tut dies ständig und kann niemals damit aufhören.

Ich denke, dass genau dasselbe im Gemeindeleben passiert. Unsere Gleichung könnte M + P = M' (Mitglieder + Programm = mehr Mitglieder) lauten. Das ist, so habe ich bereits in meinen anderen Beiträgen in diesem Band ausgeführt, auch die Logik, warum man Jugendarbeit finanziert. Weil wir Mitglieder brauchen, legen wir Programme auf, die mehr Mitglieder generieren sollen. Danach streben wir. Gute Veränderungen zielen darauf, Mitglieder für Programme zu motivieren, um am Ende mehr Mitglieder zu haben.

Eine mir bekannte Gemeinde in den USA hat erkannt, dass sie ein großes Problem hat, welches weiteres Wachstum verhindern würde. Es lag nicht an der Theologie, an Sensibilität oder dem Engagement ihrer Hauptamtlichen. Sie würden wegen ihres Parkplatzes keine neuen Mitglieder mehr gewinnen können. Es war nicht mehr möglich, die Gottesdienstbesucher in weniger als zehn Minuten vom Parkplatz zu bekommen. Es dauerte einfach zu lange wegzukommen. Also machten sie einen großen Spendenaufruf, sammelten ungefähr zehn Millionen Dollar. Dann übten sie Druck auf die Politik aus, um eine Straße direkt zur Autobahn zu bekommen. Jetzt konnte der Parkplatz innerhalb von sechs Minuten verlassen werden. Und ich glaube es hat funktioniert: Sie haben weiterhin mehr Mitglieder dazugewonnen.

Aber das ist doch eine sehr andere Vorstellung davon, warum und wofür wir Gemeindearbeit tun. Die Gleichung in unseren Gemeinden könnte auch etwas anders lauten, z. B. R + R = R' (Ressourcen + Relevanz = mehr Ressourcen). Oder andersherum: Relevanz + Ressourcen = mehr Relevanz. Das Problem ist jedoch, dass wir letzten Endes weder genug Ressourcen noch genug Relevanz haben. Unsere Aufgabe ist es dann, uns so zu verändern und zu beschleunigen, dass wir mehr davon generieren können. Wir brauchen – so denken wir – *mehr*, also müssen wir Maßnahmen ergreifen.

Wie bereits erwähnt, besteht bei all dem ein großes Problem, denn das alles führt zu einer hohen Rate von Burnouts und Depressionen. Wenn man die Gemeindemitglieder und die Pastoralpersonen in Amerika befragt, dann sagen die meisten, dass sie ihre Gemeinde oder sogar ihre gesamte Konfession als deprimiert bezeichnen würden. Es fehlt ihnen die Energie, um weiterzumachen. Selbst wenn sie wollen – sie können nicht, weil ihnen die Kraft fehlt.

Der auch von deutschen Soziologen vielfach rezipierte französische Wissenschaftler Alain Ehrenberg hat das großartige Buch *Das erschöpfte Selbst* geschrieben.[14] Es handelt sich gewissermaßen um eine Genealogie der Depression. Ehrenberg untersucht, wie Depression in der Spätmoderne zu einer alltäglichen Realität werden konnte. Er betrachtet sie als ein Phänomen, das aus den 1970ern resultiert. Natürlich gab es auch schon zuvor Menschen, die mit Depressionen kämpften, aber nicht in dem gesellschaftlichen Ausmaß, wie das heute der Fall ist. Er versucht herauszufinden, wie es dazu kam. Ich finde den französischen Originaltitel *La fatigue d'être soi* (dt. Die Erschöpfung, sich selbst zu sein) noch treffender, denn er fasst das ganze Buch zusammen. Die Hauptthese ist, dass Depression der Verlust von notwendiger Energie ist, um sich ständig immer weiter selbst zu verwirklichen, sich selbst zu verändern und sich um sich selbst zu kümmern. In der ›flüchtigen Moderne‹ nach Zygmunt Bauman[15], wurde Performanz zur gesellschaftlichen Norm. Man muss immer etwas erreichen. Heute leben wir in einer Zeit, die eher vom *Kann* geleitet ist als vom *Soll*. In anderen Worten: Früher haben wir unter dem strengen Regime des *Sollens* gelebt. Du *solltest* die 10 Gebote halten. Du *solltest* tun, was deine Vorfahren dir sagen. Du *solltest* deine Bibel lesen. Aber jetzt tendieren wir dazu, nicht mehr unter diesen Regeln des *Sollens* zu leben, sondern unter der Schuld des *Könnens*. Du hättest mehr aus deinem Leben machen *können*. Du *könntest* mutiger und kreativer sein. Du hättest einen Weg finden *können*, um mehr Energie aufzuwenden und besser zu werden. Du *könntest*. Ehrenberg meint damit, dass man in einen Zustand der Mutlosigkeit verfällt, wenn einem die Energie fehlt, weiterzumachen. Ehrenberg meint, dass Depression weniger als Pathologie des Unglücklichseins, sondern mehr als Symptom von Veränderungen auftritt. Unsere grundsätzlich positive Bewertung von Veränderung könnte die Dinge sogar noch verschlimmern. Unsere Einstellung zu Handlungen, die diese Veränderungen herbeiführen, könnte falsch sein.

Ein wesentliches Problem der protestantischen Kirchen könnte darin bestehen, dass unser Verständnis von Handeln von einer ›fatigue d'être soi‹ – einer Müdigkeit, man selbst zu sein – geprägt ist. Wir sind gewissermaßen zu erschöpft, um Kirche zu sein. Einige der Pastoren in meiner eigenen empirischen Forschung beschrieben es ungefähr so: »Ich habe einfach das Gefühl, dass die Gemeinde und mehr noch die Leute, keine Energie mehr haben und das ist ein Problem.« Unsere Vorstellung von gutem Handeln ist hierbei entscheidend.

Wie sollten wir also anders darüber denken? Zu Beginn dieses Beitrags habe ich die These aufgestellt, dass wir als Kirchen im Westen zwar wirklich in einer Krise sind, aber dass es nicht eine Krise von fehlenden Ressourcen oder verlorener Relevanz ist. In einer Krise mögen wir zwar sein, aber vielleicht in einer anderen als wir glauben.

---

14 Vgl. Ehrenberg, Alain, Das erschöpfte Selbst. Depression und Gesellschaft in der Gegenwart, Frankfurt [7]2013.
15 Vgl. Bauman, Zygmunt, Das Vertraute unvertraut machen. Ein Gespräch mit Peter Haffner, Hamburg 2017.

Um auf diese Krise richtig reagieren zu können, brauchen wir eine andere Form des Handelns.

Warten als resonantes Handeln

Ich komme auf Hartmut Rosa zurück, denn ich denke, dass er einen vielversprechenden Ansatz bietet, wenn wir *Resonanz als Handlung* betrachten. Wir alle haben diese Situationen in unserem Leben, in denen wir uns verbunden fühlen. Dann fühlt es sich nicht mehr an, als würde die Zeit an uns vorbeirasen, sondern wir fühlen uns tief verbunden. Das kann in einem Gespräch mit einem Freund sein, in tiefen Beziehungsmomenten. Ich möchte Storytelling nicht verklären, aber ich glaube, dass das ein Weg ist, wie wir unser Leben miteinander teilen. Wenn wir eine gute Geschichte hören, die wir nachvollziehen können, fühlen wir uns persönlich angesprochen. Nach dem Hören einer guten Geschichte fühlen wir uns nie erschöpft, sondern sind ergriffen und fühlen uns tief verbunden. Rosa, ein Schüler von Charles Taylor, hat etwa 800 Seiten geschrieben, um zu erklären, was er mit Resonanz meint.[16] Es ist ein fantastisches Buch. Das Problem ist, dass man Resonanz so schwer erklären kann. Eigentlich muss man sie erleben.

Ich habe ein Video gesehen, das ziemlich gut zeigt, wie Resonanz im Vergleich zu anderem Handeln aussieht. Es war ein kurzer Ausschnitt aus einer Show des amerikanischen Comedian Aziz Ansari.[17] Am Ende seines Auftritts verabschiedet er sich auf untypische Weise. Er erinnert an die Zeit, als er von der Me-Too-Bewegung mitgerissen wurde und für eine Weile nicht mehr auftreten konnte. Er war sicher nicht unschuldig gewesen, aber sein Fall war eine durchaus komplizierte Angelegenheit. Für ihn bedeutete es jedenfalls, dass er für etwa anderthalb Jahre keine Bühne betreten konnte. Er war sich nicht einmal sicher gewesen, ob er jemals wieder vor Publikum auftreten könnte. Am Ende seiner ersten Show drückt er seine Dankbarkeit und seine neue Wertschätzung für sein Publikum aus. Er macht deutlich, wie viel es ihm bedeutet, dass Menschen kommen, um seine Späße zu hören. Er schließt in etwa so: »Bei meinen Shows sage ich am Ende normalerweise einfach nur ›Gute Nacht. Und vielen, vielen Dank.‹ Aber – um ehrlich zu sein –, habe ich es nie wirklich so gemeint. Ich habe das nur so gesagt. Das macht man am Ende einer Show eben. Ich bin kein Unmensch, aber ich war nicht dankbar genug. Ich habe nicht mal wirklich darüber nachgedacht, was es für euch alle bedeutet, heute hier zu sein. Aber jetzt, wenn ich euch jetzt sehe, dann berührt mich das anders. Ich denke darüber nach, was es bedeutet, dass ihr alle hierhergekommen seid. Dass ihr in der Schlange warten musstet, nur um mich eine Stunde in ein Mikrophon labern zu hören. Es berührt mich, weil ich eine Welt gesehen habe, in der das alles nicht mehr da war. Es hat sich fast so angefühlt, wie zu sterben.« Er bezieht sich dann auf seine Großmutter, die nach einer Krankheit kurz zuvor gestorben war. Er erzählt, wie er mit ihr geschmunzelt und gelacht hat,

---

16 Vgl. Rosa, Hartmut, Resonanz. Eine Soziologie der Weltbeziehung, Berlin 2016.
17 Vgl. Root / Bertrand, When Church Stops Working, 37–48.

und wie sie einfach immer auf besondere Weise präsent gewesen war. Dann sagt er: »Ich habe versucht das zu behalten. Meine Oma hat keine wirkliche Wahl mehr, aber ich schon. Ich möchte von nun an jeden Moment mit den Menschen leben, die um mich herum sind. Das hier ist jetzt unser Moment, nicht wahr? Ihr und ich. Das ist unser Moment. Wisst ihr was? Lasst uns das kurz wahrnehmen! Daraufhin kann ich sagen ›Gute Nacht und vielen, vielen Dank‹.« Und so endet er. Es ist etwas seltsam, eine Comedyshow so zu beenden, aber es ist auch wunderschön. Er beginnt mit einem tiefen Bekenntnis, indem er gesteht, dass sein Dank früher einfach nur so dahingesagt war. Es war nicht ehrlich gemeint. Er beginnt also mit einem tiefen Bekenntnis und leitet sein Publikum dann dahin, zu realisieren, was es wirklich bedeutet, *den einen Moment mit diesen Menschen zu erleben.*

Ich frage mich, ob dies nicht das ist, was die Kirche eigentlich braucht. Es ist die Fähigkeit, Menschen dahin zu führen, dass sie *in diesem Moment mit diesen Menschen leben.* Auch wir brauchen dafür ein Bekenntnis. Wie Ansari müssen auch wir ein Geständnis ablegen. Er redet über eine Todeserfahrung: »Es hat sich fast so angefühlt, wie zu sterben.« Für Paulus ist dies genau das, worauf sich die Kirche gründet – die Erfahrung des Todes. Für Paulus selbst war das Damaskusereignis (Apg 9) wohl eine Art Todeserfahrung. Seine Lebensplanung war aus den Fugen geraten und doch findet er inmitten dieser Todeserfahrung eine tiefe Form der Zuwendung. Deshalb kommt er immer wieder zum Kreuz Jesu Christi zurück. Es ist das Kreuz, in dem er diese tiefe Kohärenz erkennt: das Leben, das aus dem Tod kommt. Es braucht also ein Bekenntnis und dann vielleicht noch ein Gespür für die Art von Handlung, die Stille aushält. Es muss eine Kirche entstehen, die voll von Dankbarkeit ist. Luther und Calvin sagten, dass die Art wie Christenmenschen als Gerechtfertigte in der Welt leben, vor allem von Dankbarkeit geprägt sein soll. Man drückt seinen Dank gegenüber und voreinander aus. Ich glaube, dass die Erkenntnis, was es bedeutet, *in diesem Moment bei diesen Menschen* zu sein, die Veränderung ist, die wir wirklich brauchen. Diese könnte unsere Leiterschaft und die Handlungsansätze so transformieren, dass wir durch gelebte Verbindung und Resonanz *in diesem Moment bei diesen Menschen* sind.

Dieses *theologische* Handeln ermöglicht es uns, die Krise richtig zu verstehen. Wir haben eine Krise vor uns. Aber es ist keine Krise von zurückgehenden Zahlen oder des Verlusts von Ressourcen und Relevanz. Auch diese Dinge sind real, was in diesem Band bereits erörtert wurde. Aber eine wahre Krise ist es, wenn Gott wirkt und spricht. Das ist eine Krise. Wie können wir das erkennen? Wie können wir dem einen Sinn abgewinnen? Wie können wir innerhalb der Säkularität 3 nach Charles Taylor Menschen helfen, das Wort des lebendigen Gottes wieder wahrzunehmen? Karl Barth sagte, wir haben eine Krise. Diese Krise ist – er hat nicht diese Worte verwendet, aber ich versuche, zu übertragen – innerhalb des immanenten Rahmens. Wir können diesem Rahmen nicht entkommen. Wir alle leben darin. Wie also helfen wir den Menschen, die Worte des lebendigen Gottes wieder zu hören? Das ist die Krise. Die Krise besteht darin, dass Gott zu sündigen Menschen spricht. Aber wie werden wir uns dessen bewusst? Wie werden wir offen dafür?

Ironischerweise ist in der theologischen Tradition das Warten die Handlungsform, die der Resonanz am nächsten kommt. Wir sind berufen, wartende Menschen zu sein. Wir alle hassen es, zu warten. Besonders für uns Amerikaner gibt es nichts Schlimmeres, als zu warten. Ich komme noch einmal auf Zygmunt Bauman zurück. Er meint, dass es ein Element der Moderne sei, das Warten aus dem Wollen herauszulösen. Wenn du ein Amazon-Abonnement hast, dann weißt du, dass sie sehr hart daran arbeiten, alles Warten aus dem Wollen zu entfernen. Bald soll dir ein Roboter oder eine Drohne bringen, was immer du willst. Wir wurden dazu konditioniert, das Warten zu hassen. Doch vielleicht ist es genau das, was uns erneuern kann. Möglicherweise gibt es uns neues Leben, wenn wir lernen, wartende Menschen zu sein.

Eine Gemeinde ist eine Gruppe von Menschen, die gemeinsam in einem Moment mit anderen Menschen wartet.[18] Viele denken, dass die Kirchengeschichte mit Pfingsten (Apg 2) beginnt. Wir lieben diese Geschichte. Für Pastoralpersonen in Amerika ist Apg 2,41 einer der Lieblingsbibelverse: »und an diesem Tage wurden hinzugefügt etwa dreitausend Menschen.« Das ist der Satz, nach dem wir uns alle sehnen. Was wir dabei vergessen ist, dass das lukanische Doppelwerk zusammengehört. Das Lukasevangelium und die Apostelgeschichte sind wie zwei Teile einer Geschichte. Der Auftrag der Gemeinde beginnt nicht in Apg 2, sondern als sich Jesus in Lk 24 auf der Straße nach Emmaus offenbart. Das ist nach wie vor unsere große pastorale Herausforderung. Wie zeigen wir auf den lebenden und gegenwärtigen Jesus Christus? Jesus offenbart sich den Männern und als sie ihn erkennen, gibt Jesus ihnen den Auftrag: »Geht zurück nach Jerusalem und – wartet.« Die Kirche beginnt als eine Gruppe von Menschen, die gemeinsam warten. Sie warten darauf, dass sie Teil einer großen Geschichte werden, die sie selbst verändert. Sie erwarten, dass Gott selbst handelt. Das Warten selbst wird zu einer wichtigen Handlung. Das ist genau das, was Karl Barth von Christoph Blumhardt gelernt hat, dass Warten eine Form des Handelns ist. Dieses wartende Handeln ist das Warten auf Gottes Handeln. Es ist ein Warten in Verbundenheit und Resonanz – um diese Sprache zu verwenden. Es ist ein Warten im Erwarten einer großen Geschichte, in der Gott handelt. Das ist unsere Krise. Können wir auf Gott warten? Können wir darauf warten, dass er handelt?

Ich möchte mit einem weiteren Beleg aus der Bibel enden. Ein befreundeter Hebräischexperte hat mich kürzlich darauf hingewiesen. Dieser wunderbare Vers aus Psalm 46,11 »Seid still und erkennet, dass ich Gott bin« könnte mit »Legt eure Hände nieder und erkennt, dass ich Gott bin« übersetzt werden. »Legt eure Hände nieder und erkennt, dass ich Gott bin«. Hör auf, gegen mich anzukämpfen. Hör auf, all diese Dinge zu tun. Sei einfach da. Wie sieht solche Leiterschaft aus? Was können wir tun, um auf Gott zu warten und darauf zu vertrauen, dass Gott handelt?

Literatur

Bauman, Zygmunt, Das Vertraute unvertraut machen. Ein Gespräch mit Peter Haffner, Hamburg 2017.

Ehrenberg, Alain, Das erschöpfte Selbst. Depression und Gesellschaft in der Gegenwart, Frankfurt [7]2013.

Fromm, Erich, Haben oder Sein. Die seelischen Grundlgen einer neuen Gesellschaft, München [45]2018.

---

18 Vgl. Root / Bertrand, When Church Stops Working, 79.

Root, Andrew, The Church after Innovation. Questioning Our Obsession with Work, Creativity, and Entrepreneurship, Grand Rapids 2022.
Root, Andrew, The Congregation in a Secular Age. Keeping Sacred Time against the Speed of Modern Life, Grand Rapids 2021.
Root, Andrew / Bertrand, Blair, When Church Stops Working. A Future for Your Congregation beyond More Money, Programs, and Innovation, Grand Rapids 2023.
Rosa, Hartmut, Alienation and Acceleration. Towards a Critical Theory of Late-Modern Temporality, Malmö 2014.
Rosa, Hartmut, Beschleunigung. Die Veränderung der Zeitstrukturen in der Moderne, Frankfurt am Main 2005.
Rosa, Hartmut, Resonanz. Eine Soziologie der Weltbeziehung, Berlin 2016.
Rosa, Hartmut, Social Acceleration. A New Theory of Modernity, New York 2013.
Rosa, Hartmut, The Uncontrollability of the World, Medford 2020.

Wie man Beschleunigung zur Schnecke macht (Response)

Ralph Kunz

Zur Einleitung

Ich weiß, dass die Gepflogenheiten der akademischen Diskussion im deutschsprachigen Raum verlangen, dass man sehr *schnell* »aber!« sagt, wenn eine Response verlangt wird. Schließlich führen wir Debatten. Also sucht man die Schwächen in der Rede der anderen und äußert seine Kritik. In anderen Kulturen und Settings geht es *langsamer* zu und her. Es gilt als höflich, zuerst Danke zu sagen, der Vorrednerin oder dem Vorredner Respekt zu bezeugen und das Gehörte stark zu machen. Mir ist das sympathisch und die kleine Verbeugung fällt mir bei Andrew Root nicht schwer. Vielen Dank für diese anregenden und auch gewagten Gedanken! Warum gewagt? Ich meine, die Verbindung der zwei Denker, der eine ein Theologe und der andere ein Sozialphilosoph, ist ein Wagnis. Karl Barth reagierte am Ende des [langen] 19. Jahrhunderts auf den Nihilismus seiner Zeit mit einer radikalen Theologie, die Gott weder religiös noch weltlich vereinnahmen, sondern Gottes Einzigartigkeit betonen wollte. Hartmut Rosa analysiert die kulturellen Dynamiken unserer Zeit und antwortet mit einer Philosophie des Weltkontakts, die Brücken zu einer postsäkularen Religiosität schlägt.[1] Ob und wie das zusammengeht, will ich diskutieren oder zumindest andiskutieren. Aber, um es vorwegzunehmen, was ich an kritischen Einwänden erhebe, soll demonstrieren, dass sich diese Diskussion lohnt. Ich bin überzeugt, dass Andrew Roots Versuch, Karl Barth und Hartmut Rosa miteinander ins Gespräch zu bringen, höchst fruchtbar ist, *weil* das, was zur Debatte steht, durch *Spannung* erzeugt wird und Spannung eine Form der Resonanz ist.

Damit meine Response nicht zu langweilig wird, werde ich mein grundsätzliches Einvernehmen mit Andrew Root probehalber in Frage stellen. Im ersten Teil meiner Replik werde ich die Rolle des *Advocatus Diaboli* spielen und einige mögliche Einwände auflisten. Dann werde ich auf einen m. E. wichtigen kontextuellen Unterschied zwischen den USA und Europa eingehen, den es bei Andrew Roots Ausführungen zu bedenken gilt. Ich sage es auch mit Blick auf den akademischen Betrieb, dem ich mich zugehörig fühle. An den staatlichen Universitäten und Theologischen Fakultäten in Deutschland wird Theologie vor dem Hintergrund der *Volkskirche* getrieben. Im Blick sind nicht Denominationen, sondern in erster Linie die beiden Konfessionen, die 500 Jahre lang die europäische Geschichte mitgeprägt haben. Schließlich möchte ich

---

1   Im Referat von Andrew Root war vor allem von der Beschleunigung die Rede, ich erlaube mir dennoch, auf die *Resonanztheorie* einzugehen.

mich mit möglichen Lösungen für das Problem der Beschleunigung befassen, wie es Andrew Root über und mit Hartmut Rosas Überlegungen so eindrücklich schildert. Als Frage formuliert: Wenn das Problem, unter dem unser Dienst in der Kirche leidet, tatsächlich der Innovationsdruck und die Hetze ist, warum stehen wir nicht einfach vehement auf die *Bremse*?

Advocatus Diaboli

Überraschend ist es nicht, dass Andrew Root Hartmut Rosa als seinen Gesprächspartner kürt. Schließlich sind beide, er und Rosa, Schüler von Charles Taylor. Und deshalb ist es auch nicht verwunderlich, dass im ekklesiologischen und pastoraltheologischen Œuvre Roots beide, der Lehrer und sein Schüler, immer wieder zu Wort kommen. Überraschender ist jedoch die Verbindung zu Karl Barth und der unheimlichen Blumhardtgeschichte. Ich werde einige Differenzen erwähnen, die eine nähere Betrachtung verdienen und ich werde dies bewusst als *Advocatus Diaboli* mit einer liberalen Agenda tun:

Ist das, was Andrew Root uns mit den beiden Blumhardts und Barth anbietet, nicht einfach eine konservative Reaktion auf das offensichtliche Versagen der liberalen Theologie? Hilft es uns, ins neunzehnte Jahrhundert zurückzuspringen, um die Gegenwart zu verstehen? Ist es zulässig, alte Kämpfe zu repristinieren, um neue Herausforderungen zu bestehen? Um den Einwand zu begründen: Die rückwärtsgewandte Orientierung mag verständlich sein, aber ist gefährlich, weil sie dem reaktionären Konservatismus, den einige mit Fundamentalismus und andere mit Evangelikalismus in Verbindung bringen, sehr nahekommt. Wer gegen Beschleunigung wettert, muss sich auf eine Warm-Kalt-Front einstellen, die uns heftige Sturmböen beschert. Wer gegen das Vorwärts argumentiert, leitet Wasser auf die Mühle der Rückwärtsgewandten – das sollte jedem klar sein, der Zeitung liest. Wenn die Kritik an einer falschen Innovation zuträfe, müsste die Kirche sich doch auf das alte Muster der überschaubaren Gemeinde zurückziehen, oder nicht? Wie soll sie aber dann die Öffentlichkeit noch erreichen? Wenn sie nicht auf dem neuesten Stand bleibt, aktuell, innovativ und proaktiv twittert, was das Zeug hält? Wer nicht mit der Zeit geht, geht mit der Zeit – das sollte allen klar sein, die Zeitung lesen. Die Kirche muss sich der Realität stellen: Wenn sie sich in ihr kulturelles Schneckenhaus verkriecht und meint, sie könne mit einer veralteten Metaphysik punkten, wird sie zum religiösen Club der Ewiggestrigen. Wenn wir also mit Andrew Root die Beschleunigung so vehement kritisieren, wie Hartmut Rosa es tut, müssen wir uns fragen, ob wir nicht eine Theologie bedienen, die zwar korrekter ist als ihre modernen Übersetzungen, aber nicht mehr zeitgemäß. Wir können doch nicht zulassen, dass die Kirche ins Hintertreffen gerät, nur weil sie von denen eingeholt und überholt wird, die sich abschotten wollen! Nein, wir müssen vehementer gegen den Rückzug der Kirche anreden und ihr das Rückwärts ausreden. Sollten wir Theologie nicht konsequenter im Modus der Vermittlung (Schleiermacher), der Korrelation (Tillich) oder der Übersetzung (Lange) betreiben?

Ich denke, es ist hinlänglich klar geworden, was ich, alias liberaler Advokat, mitzuteilen habe. Ich schüre die Angst, dass die Kirche zur Sekte wird, wenn sie nach einer vertikalen Resonanz fragt, die für säkulare Zeitgenossen keine Relevanz mehr hat.

Legen wir den zweiten Gang ein und erhöhen das Tempo noch ein wenig. Ich stelle fest, dass Andrew Root ein Gespräch zwischen Hartmut Rosa und Karl Barth in Gang bringen will und frage verwundert: Kann das funktionieren? Ist es kohärent? Charles Taylor ist katholisch und ein leidenschaftlicher Kantkritiker, Hartmut Rosa hält sich theologisch bedeckt, aber zeigt eine Nähe zu Schleiermacher, Karl Barth ist reformiert und ein leidenschaftlicher Schleiermacherkritiker.

Ich frage mich, ob die Kritik an der Beschleunigung, die auf den ersten Blick einleuchtet, zu schnell zur Erleuchtung für alles wird. Ich stelle in Frage, ob die Konkurrenz der Ideen zu rasch in eine Konkordanz übergeht. Ich sehe die Gefahr eines Kurzschlusses, wenn so viele Theoriestränge miteinander verbunden werden. Ich will wissen, ob das Ganze richtig verdrahtet ist.

Spätestens an dieser Stelle muss ich als Kritiker fairerweise Farbe bekennen und mich als Chamäleon outen, wenn ich ein drittes Misstrauensvotum abgebe, das von Barth stammen könnte. Warum, frage ich mich, sind so viele Menschen Fans von Hartmut Rosa? Darum, antworte ich, weil er mit »Resonanz« die Lösung für ein Problem liefert, das wir mit religiösem Vokabular nicht mehr beschreiben können oder wollen. Und es funktioniert. Aber ist das nicht ein Grund, misstrauisch zu werden? Wenn die Beschleunigung das Problem ist, verspricht Resonanz die *Erlösung*. Resonanz ist die Parole derer, die nach einem erfüllten Leben fragen und sich von der Logik der Steigerung abwenden wollen. Und Resonanz hat auch eine *Lösung* anzubieten! Wenn die Beschleunigung das Problem ist, muss die Lösung etwas mit Entschleunigung zu tun haben – alles andere wäre absurd. Die Resonanzantwort läuft zwangsläufig auf eine Verlangsamungsbewegung hinaus. Diese Bewegung ist die beste praktische Antwort auf die Zeitkrankheit. Sie lässt sich ohne weiteres auf den theologischen Bereich übertragen. Resonanz passt perfekt zu Achtsamkeit, Gesundheit und Spiritualität!

Nur, was den liberalen Theologen halbwegs beruhigt, weckt das Misstrauen des Wort Gottes-Theologen. Die offensichtliche *Anknüpfung* ist das, was den barthianischen Advocatus Diaboli endgültig aus der Reserve lockt. Die attraktive Entschleunigung könnte dazu verlocken, die alten Geister der Religion zu rufen! Ist es nicht auffällig, wie viel Resonanz Rosas Resonanztheorie gerade in der protestantischen Theologie gefunden hat? Martin Laube ist der Meinung, dass aus systematisch-theologischer Sicht die große Aufmerksamkeit, die Resonanz in Kirche und Theologie gefunden hat, eben darauf zurückzuführen sei, dass die Theorie protestantische Grundmotive in einem soziologischen Gewand präsentiert. Rosa sei es gelungen, den fragwürdigen Status der Religion als anthropologische Konstante zu bekräftigen.[2] Wollen wir das?

Um den kritischen Einwand auf den Punkt zu bringen: Es ist zwar plausibel, Religion als ein Resonanzbedürfnis neben anderen Bedürfnissen zu interpretieren, aber

---

[2] Vgl. Laube, Martin, Eine bessere Welt ist möglich. Theologische Überlegungen zur Resonanztheorie Hartmut Rosas, in: PTh 109 (2018), 356–370.

eine Umkehrung dieses Zusammenhangs wäre vom Standpunkt einer Wort Gottes-Theologie höchst fragwürdig. Denn das allgemeine Resonanzbedürfnis liefert keine notwendige und schon gar keine hinreichende Begründung für eine religiöse Erfüllung. Man kann Resonanz auch ohne Gott erleben. Nicht nur das Wort »Gott«, auch das Wort Gottes, das schärfer ist als ein zweischneidiges Schwert (Heb 4,12), bleibt auf der Strecke. Und der Mensch lebt nicht von Mozartkugeln und Schwarzwälder Kirschtorte allein. Nein, das ist kein Argument für die *rein* religiös gestimmte vertikale Resonanz. Es ist vielmehr ein Plädoyer, darüber nachzudenken, wie einer *falsch* verstandenen Resonanz widerstanden werden kann. Denn es ist theoretisch denkbar, dass jemand gregorianisch singt und Bach genießt, aber nicht mit den Juden schreit. Die Anspielung auf ein Bonmot von Dietrich Bonhoeffer, das eigentlich ein Gerichtswort aus der Zeit des Naziterrors ist, soll deutlich machen, was auf dem Spiel steht.[3] Es geht um die Unterscheidung der Geister, die darauf achtet, dass das Wort des Glaubens das Gotteswort nicht verspielt. Zum Pathos der menschlichen Resonanz muss das Ethos der göttlichen *Dissonanz* kommen, die kritische Weisheit der Prophetie, die Nein sagt, damit Gottes Wort lebendig, kräftig und scharf bleiben kann. Ich weiß, es passt nicht ganz zum Bild des Teufels, dass er als Evangelist auftritt, aber für eine theologische Debatte machen wir eine Ausnahme und fragen noch einmal. *Wer* urteilt über die falsch verstandene vertikale Resonanz? Welche Kriterien bewahren uns davor, auf die Fährte einer Wellnessideologie zu geraten, die uns vorgaukelt, wir könnten mit Slow Food und perfekter Work-Life-Balance ein gutes Leben führen?

Ich fasse zusammen, was ein misstrauischer Geist gegen die Verbindung von Karl Barth und Hartmut Rosa einwenden könnte: Aus liberaler Sicht muss man sich fragen, ob eine zu intensive Beschleunigungskritik die Kirche nicht auf eine Sekte reduzieren und einen Rückzug provozieren könnte, der ihren Relevanzverlust besiegelt. Aus postliberaler Sicht ist klar, dass der Begriff der Resonanz religiös aufgeladen wird und mehr verspricht, als er halten kann. Der liberale Kritiker sieht die Gefahr eines Rückfalls in repressive und reaktionäre Denk- und Verhaltensmuster. Der konservative Kritiker wittert eine *corruptio optimi pessima* – eine Verderbnis des Besten. Denn Resonanz steht für das Beste, für das gute Leben und damit für ein fast messianisches Projekt oder für das Programm einer besseren Welt. Man kann Hartmut Rosa so lesen: »Ich will den Grundmodus unseres In-der-Welt-Seins verändern. Und das ist nicht konservativ, sondern revolutionär.«[4]

Ein anderer Kontext

Lassen wir es einmal dabei bewenden und nach den Verdächtigungen den Verteidiger vortreten, der klipp und klar bezeugt: Andrew Root hat sehr gut beschrieben, was

---

3 Nachweis des Zitats in: Bethge, Eberhard, Dietrich Bonhoeffer. Eine Biographie, Gütersloh [9]2005, 506.
4 Zitiert aus: https://www.philomag.de/artikel/hartmut-rosa-ich-will-den-modus-unseres-der-welt-seins-aendern [2019-06-01].

Beschleunigung bedeutet und die Konsequenzen für das kirchliche Selbstverständnis im amerikanischen Kontext aufgezeigt. Vieles davon lässt sich auf unsere deutschen Verhältnisse übertragen, aber einiges verlangt nach einer Übersetzung, weil sich die Kirchen hierzulande in einer anderen Situation befinden.

Es ist eine Besonderheit der sogenannten Volks- oder Landeskirchen, die ich herausheben möchte, und ich erlaube mir der Einfachheit halber, an dieser Stelle die erste Person Plural zu verwenden: Unsere Gemeinden sind Parochien. Wir funktionieren (noch) in einer territorialen Logik. Wir verstehen uns (noch) als institutionell gesichertes Bollwerk des christlichen Glaubens, wir sehen uns (noch) als Kirche für die ganze Gesellschaft. Immerhin versammeln wir noch beinahe die Hälfte der Bevölkerung. Warum ist das wichtig? Weil es Gewicht hat und weil es unser Denken prägt.

Ich nenne eine ekklesiologische Konsequenz der volkskirchlichen Verfasstheit: Solange viele »Leute« in unseren Kirchen Mitglieder sind, haben wir eine breite Mischung religiöser Orientierungen innerhalb der Organisation und einen großen Anteil distanzierter oder nomineller Mitglieder, die dazugehören, aber nicht mitmachen. Daraus ergibt sich ein institutionelles Dilemma: Wenn wir die *Organisation* erhalten wollen, müssen wir die Vielfalt bewahren, wenn wir die *Mitglieder* halten wollen, die auf dem Absprung sind, müssen wir ihnen etwas bieten, aber nicht zu viel verlangen und wenn wir auf den Halt der *Engagierten* Rücksicht nehmen, den sie im Glauben finden, muss sich die Kirche als *Bewegung* bewähren. Gleichzeitig stellen wir fest, dass das *parochiale Modell* überholt ist. Für uns ist der Begriff der Innovation auch mit dem Abschied von diesem Modell verbunden, auf dem das ganze System aufbaut. Es überrascht nicht, dass wir den Ausstieg noch nicht geschafft haben. Wir sprechen seit 50 Jahren darüber. Dass etwas gehen muss, ist vielen klar. Denn das Modell der nachbarschaftlichen Parochialkirche funktioniert schon lange nicht mehr flächendeckend, aber jetzt, wo uns das Geld ausgeht, dämmert uns, dass wir die pastorale Versorgung nicht mehr zahlen können.

Es liegt auf der Hand, dass in einer solchen Großwetterlage die Kirchenleitung etwas *tun* muss. Ihr Programm sieht so aus: Sie verdünnen den Dienst und dehnen das Gebiet der Versorgung aus. In manchen ländlichen Gebieten betreut ein Pfarrer sieben Gemeinden. Diese Mini-Gemeinden bleiben äußerlich stabil, die Kirche steht noch im Dorf, aber ob die Gemeinschaft agil ist, steht auf einem anderen Blatt. Sicher ist, dass die Versorger mobil und regional agieren, ihr Tempo erhöhen und sich im Multitasking üben müssen. *Sie laufen Gefahr, auszubrennen und depressiv zu werden – aber nicht, weil sie innovativ sind!* Sie rennen herum, um den Laden am Laufen zu halten. Ihre Zeitkrankheit hat mit einer Idee der religiösen Versorgung zu tun, die aus der Zeit gefallen und überholt ist.

Das ist ganz gewiss eine zu simple Problemanalyse, aber sie erklärt, warum »Innovation« in meinen Ohren etwas anders klingt als sie es in Andrew Roots messerscharfen Analyse tut. Den Stress, den er beschreibt, spüren auch Mitarbeiter, die eigentlich das alte Programm bevorzugen. »Innovativ« und »konservativ« sind zu Kampfbegriffen geworden, die inhaltlich praktisch bedeutungslos sind. Mehr noch: Es herrscht eine regelrechte Verwirrung darüber, was damit gemeint ist, weil wir mit unterschiedlichen Tempi und Zeitmessern in der Kirche arbeiten. Was ist denn noch modern, wenn schon die Postmoderne alter Kaffee ist? Und gibt es etwas Älteres als die Neuigkeit von gestern? Was bitte soll innovativ sein an den Strukturreformen? Je nachdem, wie man sich zu »Neuerungen« verhält, entscheidet man sich für eine andere Strategie.

- Die einen sagen, es sei innovativ, mit einem *Team* große Gebiete zu bedienen, Gottesdienste anzubieten, kleine Zellen zu begleiten und mit diakonischen Diensten im Sozialraum präsent zu bleiben. Die Idee der »Gemeinde« kann man den Freikirchen überlassen oder auf wenige Leuchtturmgemeinden reduzieren.
- Wieder andere betonen die Notwendigkeit eines radikalen Paradigmenwechsels. Sie fordern experimentelle Räume und wollen Ausdrucksformen von Kirche fördern, die digital und sozial funktionieren.
- Strukturkonservative Gruppen wiederum warnen davor, dass das Problem nicht die Form ist und die *Reform* der Kirche diese mehr bedroht, als ihr etwas bringt.

Was wir empfinden, wenn wir dieses Jammerkonzert hören, kommt dem, was Andrew Root als Depression bezeichnet, ziemlich nahe. Natürlich gibt es Leute, die das eine tun und das andere nicht lassen. Aber um das richtige »Modell« geht es mir hier nicht. Die Botschaft ist vielmehr die: Meine Kirche hat ein institutionelles Dilemma, aber keine Lösung, die alle überzeugt, sondern viele Lösungen, die sich beißen. Unsere strategischen und kulturellen Probleme lassen sich nicht auf einen Nenner bringen. Also ist auch Innovation, was immer sie ist, weder die Lösung noch das Problem. *Was uns zu schaffen macht, ist die geistliche Krise, die uns Beine macht und gleichzeitig lähmt. Diese Krise kann durch eine falsch verstandene Innovation verschärft werden, aber wir sehen dieselbe Wirkung auch bei verpasster Innovation. Und das verursacht wiederum Stress im System.* Die Aussage, dass die Krise des Niedergangs die Kirche krank macht, trifft also definitiv auf uns zu. Leiden wir an einer ekklesiogenen Depression?

Mir kommt es vor, als habe das kollektive Selbst der Kirche ein komplexeres Krankheitsbild. Es ist multimorbide unterwegs. Ich sehe Anzeichen einer bipolaren Störung, Symptome von Demenz und viele Phobien. Das Krankheitsbild, das ich zeichne, ist typisch für einen hochaltrigen Menschen mit Mehrfachbelastungen. Um ein Bild zu verwenden: *Ecclesia* ist eine verwirrte Seniorin, die noch Auto fährt, aber mit der Straße nicht mehr klarkommt. Der Verkehr ist ihr zu schnell und zu dicht. Das stresst! Und dann kommt es zum Unfall. Sie drückt gleichzeitig aufs Gaspedal und die Bremse oder verwechselt den Rückwärts- mit dem Vorwärtsgang…

Auf ein Wort

Ohne Bild gesagt: Wir wissen nicht, wohin wir gehen sollen, aber hoffen auf ein Wort des lebendigen Gottes (Joh 6,68), ein Wort, das *kommt*. Mit Interesse habe ich Andrew Roots Auslegung der Heilungsgeschichte der Gottliebin Dittus gelesen, in der sich etwas von dieser Dynamik wiedererkennen lässt.[5] Das Krankheitsbild der geplagten

---

5   Root, Andrew, Churches and the Crisis of Decline. A Hopeful, Practical Ecclesiology for a Secular Age, Grand Rapids 2022, 199–238.

Frau ist so komplex wie das Krankheitsbild der Kirche, aber am Ende wird die Gottliebin befreit. Das macht Hoffnung und schenkte damals ein Wort, das zur Weisung und Losung wird: »Jesus ist Sieger«.

Spannend und inspirierend finde ich die Fortsetzung der Story. Die erlösende Botschaft, die zum Leitwort wurde, ist kein Mantra, das immer wirkt. Es muss erneuert werden. Und diese Erneuerung ist nicht modern oder zeitgerecht gedachte Innovation. Es geht nicht um Verständlichkeit oder Relevanz. Es geht darum, das eine Wort zu hören, das scharf ist, Geister unterscheidet und trifft. Um zu zeigen, was das für uns bedeuten kann, erzählt Root die Geschichte von Vater und Sohn Blumhardt. Es kommt zu einer Pause beim Jüngeren, berichtet er, einer Unterbrechung. Ich verstehe es so, dass das Innehalten des Jüngeren eine Art *Karsamstag* bedeutet, eine Zwischenzeit, in der etwas Neues beginnt. Die Pause ist ein Übergang, die einen liminalen Raum eröffnet. Das, was gültig war, gilt nicht mehr, und das, was in Geltung kommen soll, ist noch nicht erschienen. Konkret geht es um die neue Losung – ein Motto, das aus der Begegnung mit Christus entsteht und in der *Konfrontation* gefunden wird. Die alte Losung verstummt, weil ein neuer Kampf gekommen ist. Bei Blumhardt dem Jüngeren war es die soziale Frage. Die neue Losung, versteht man sie in der Logik der vertikalen Resonanz, ist ein Phänomen des Kontakts in der sozialen Krise. Was Gott sagt, hört einer, der die Not der Menschen hört und sich zur Welt bekehrt. Zwei Dinge sind an diesem Beispiel beeindruckend:

Es macht erstens deutlich, dass der Ausweg aus der Krankheit nicht nur als Heilungsgeschichte erzählt wird und die Krise mehr als eine Störung ist, die überwunden werden kann. Es geht auch um die *Verwandlung* der Ausgesandten, darum, dass es zu einer *Neuorientierung* der Gemeinde kommt. Und so ist auch Blumhardt nicht einfach krank oder erschöpft. Er fragt nach Feuer, aber leidet nicht an einem Burnout. Er *bittet* um Führung und bekommt eine Losung.

Zweitens ist die Reihenfolge der Worte bemerkenswert. Der Vater erhält eine Osterbotschaft, aber der Sohn ein Karfreitagswort. Diese Entwicklung geht uns gegen den Strich. Das Motiv, dass Jesus der Siegesheld ist, überholt den Fortschrittsglauben des 19. Jahrhunderts. Der Ältere greift dem Ende vor. Es wird etwas von der Kraft des Letzten spürbar und der triumphierende Spott wird hörbar: »Tod, wo ist dein Sieg? Hölle, wo ist dein Stachel?« (1 Kor 15) Der Jüngere geht aber zurück zum Sterben, das notwendig ist, um Platz für neues Leben zu schaffen. Der Schritt des Älteren brauchte Mut, der Schritt des Jüngeren brauchte Demut. Warum dieses Rückwärts? Warum die Verlangsamung?

Ich deute es so: Die Bewegung, die wir in der Nachfolge Jesu erfahren, ist nicht chronologisch, sondern kairologisch gegründet. Auch wenn wir Pausen sowie Vorwärts- und Rückwärtsbewegungen wahrnehmen, geht die Geschichte weiter, aber auf einer anderen Zeitebene. Um es mit der Logik der Netflix-Serien zu sagen: Wenn eine neue Staffel beginnt, verstummt das Kennwort der älteren Staffel – aber es könnte sein, dass die neue Staffel etwas erzählt, dass früher relevant war. Es wäre deshalb nicht ratsam, irgendein Kairos-Moment zu chronifizieren und uns oder Gott eine Frist zu setzen, um etwas »Neues« zu sagen. Ich bin darum auch skeptisch, wenn Christenmenschen – ob sie sich als liberal, religiös-sozial oder postliberal outen, spielt keine Rolle – sich zu Zeitdiagnosen hinreißen lassen: »Das Pfarramt hat keine Zukunft.«

Oder: »Die Gemeinde ist ein Auslaufmodell.« Als ob solche Prophezeiungen Relevanz bezeugen und Resonanz erzeugen könnten.

Das gilt auch für die steilen theologischen Sätze in der dialektischen Phase der Wort Gottes-Theologie, die, wenn sie als Positionen einer »Schule« verstanden würden, missverstanden sind. Tatsächlich hören wir eine neue Parole vom jungen Pfarrer Karl Barth, der sagte: Wir sollen Gott Gott sein lassen. Aber auch dieses Wort hatte seine Zeit. Wir können die Wort-*Gottes*-Theologie nur verstehen, wenn wir sie *nicht* als ein Programm, sondern als Prozess verstehen, der genau auf das zielt, was Andrew Root vormacht. Sie leitet an, auf das Wort zu hören, das wir uns nicht selbst sagen können. Es ist ein Ringen und Suchen nach der neuen Losung.

Deshalb gibt es auch besser keine Barthianer. Aber wir können von der Methode der progressiven Dialektik lernen. In seinem Vortrag »Das Wort Gottes als Aufgabe der Theologie« findet Barth dafür ein treffendes Bild. Er sagt: »Wir sollen als Theologen von Gott reden. Wir sind aber Menschen und können als solche nicht von Gott reden. Wir sollen Beides, unser Sollen und unser Nicht-Können, wissen und eben damit Gott die Ehre geben.«[6] Auf diese Weise zu theologisieren ist ein Risiko. Es ist wie ein Spaziergang auf einem felsigen Grat – es steht immer in der Gefahr, entweder in eine orthodoxe Behauptung auf der rechten Seite zu verfallen, weil wir Gottes Wort verkünden sollen, oder in ein mystisches Schweigen auf der linken Seite zu fallen, weil wir Gottes Wort nicht sagen können. Auf diesem felsigen Grat kann man nicht stehen, sagt Barth. Dialektische Theologie ist keine Geistesakrobatik. Man muss gehen. Es ist eine Lebensweise.

Der Witz an diesem Bild ist, dass es deutlich macht, dass Theologisieren eine existenzielle Angelegenheit ist. Echte Dialektik ist keine Position. Was Barth später theologische Existenz nennt, ist *Bewegung*. Sie hat ihren Ursprung in der *Spannung* zwischen anhypostatischer und enhypostatischer Identifikation mit Christus.

Nun mal langsam ...

Ich versuche, zu einer Schlussfolgerung zu gelangen, die keinen Schlussstrich zieht, sondern Lust macht, weiter zu debattieren. Andrew Root sagt an einer Stelle, dass *Verlangsamung* ein zu einfaches Rezept sei, um das zugrunde liegende Problem der Beschleunigung zu lösen. Es höre sich zu sehr nach einer Lösung für ein Problem an, das zu wenig radikal und zu wenig dialektisch gedacht wurde. Echte Dialektik sei komplex. D'accord! Nur, um eben zu dieser Einsicht zu gelangen und sich darauf zu besinnen, was das für das pastorale Handeln bedeutet, braucht es eine Unterbrechung, ein Inne- und Stillhalten. Es handelt sich dabei nicht um eine disruptive Pause im Sinne von: Brechen wir alles ab und bauen alles neu auf. Denn es sind immer zwei Impulse im Spiel: Wir sollen die Kirche verändern, weil es in unserer Verantwortung steht,

---

6   Barth, Karl, Das Wort Gottes als Aufgabe der Theologie (1922), in: Finze, Holger (Hg.): Karl Barth-Gesamtausgabe III. Vorträge und kleinere Arbeiten 1922–1925, Zürich 1990, 144–175, 151.

lebbare und glaubwürdige Formen zu finden, aber wir können die Kirche nicht verändern, weil sie uns nicht gehört, sondern wir zu ihr gehören. Und wir sollen beides wissen und Gott die Ehre geben. Wir sollen weitergehen *und* wir sollen stehen bleiben, uns vorwärts *und* rückwärts bewegen. Was widersprüchlich klingt, nimmt Anlauf beim Sprachspiel des Glaubens und macht bereit, sich auf den göttlichen Raum und die göttliche Zeit einzulassen.

Was wir brauchen, ist ein *Stehen*, das nicht mit Stagnation verwechselt werden darf. Was wir brauchen, ist eine Erwartung, die nicht in Betriebsamkeit fällt. In der Spannung von Haltung und Handlung geht es nicht um Geschwindigkeit, die keinen Aufschub duldet, und es geht nicht um eine Vorwärtsbewegung, die auf Erreichen, Fortschritt und Erfolg ausgerichtet ist. Es geht um den *Gang*, den wir nur praktizieren, wenn wir gleichzeitig innehalten.

Blumhardt der Jüngere spricht vom Sterben und nicht vom Aufleben. Das ist es, was man in der System- und Familientherapie als paradoxe Intervention bezeichnet.[7] Das Paradox wird zu einer Dialektik, die uns eine spannungsvolle Einheit von Erwartung und Erfüllung sehen lässt. Man nennt das echte Dialektik, weil diese Dialektik auf existentieller Erfahrung und nicht auf spekulativen Überlegungen beruht. Wir sind auf der Suche nach einer Losung für unsere Kirche. Wie wäre es mit den Worten des Paulus an seine Römer, nach denen er in 11 Kapiteln die Dialektik entfaltet, die Martin Luther kongenial auf die Formel *simul iustus et peccator* reduziert hat? Sie mündet in die paradoxe Aufforderung, seinen eigenen Leib als lebendiges Opfer hinzugeben:

> Darum ermahne ich euch, Brüder und Schwestern, angesichts der Barmherzigkeit Gottes, dass ihr eure Leiber als lebendiges Opfer darbringt, das Gott heilig und wohlgefällig ist – das ist euer wahrer und angemessener Gottesdienst. Passt euch nicht dem Muster dieser Welt an, sondern lasst euch durch die Erneuerung eures Sinnes verwandeln. Dann werdet ihr fähig sein, zu prüfen und zu erkennen, was der Wille Gottes ist – sein guter, wohlgefälliger und vollkommener Wille.
> Röm 12,1f.

Im Schneckenhaus

Wenn ich zu dieser Losung ein Bild finden müsste, würde ich mich für die Weinbergschnecke entscheiden. Das Tier taucht in Bildern und Bauwerken dort auf, wo das Leben und Sterben Jesu gezeigt wird. Die Schnecke kann sich bei Kälte in ihr Haus verkriechen – und wenn es warm wird, wieder ins Freie kommen. Christen sahen darin eine Parallele zur Ostergeschichte: Nach einem todesähnlichen Schlaf erwacht das Tier zu neuem Leben. So wurde die Weinbergschnecke zum Symbol der Auferstehung

---

7   Die Paradoxe Intervention ist eine Vorgehensweise aus der Familientherapie und stammt aus dem Systemischen Ansatz der »Mailänder Schule« von Mara Selvini Palazzoli und ihrem Team (1970er Jahre). Vgl. Selvini Palazzoli u. a., Paradoxon und Gegenparadoxon. Ein neues Therapiemodell für die Familie mit schizophrener Störung, Stuttgart 1977.

Christi und zur Hoffnung auf die eigene Auferstehung. Das war nicht immer so. Im 13. Jahrhundert personifizierte sie – wie der Esel und die Schildkröte – die Trägheit, später – wie der Hase – die Feigheit. Im 15. Jahrhundert wandelte sich ihre Bedeutung ins Positive: Die ihr Haus tragende Schnecke wird zum Zeichen der Zufriedenheit, der inneren Einkehr, der Selbsterkenntnis, Klugheit und Vorsicht. Es ist nicht nur das Schneckentempo, das mich an diesem Symbol anspricht. Es ist die Botschaft, dass Christen sich zurückziehen dürfen und Behäbigkeit und Trägheit auch Ausdruck einer Weisheit sein kann, die sich im Haus Gottes geborgen weiß.

Mein schönes Beispiel für den Vorzug dieses Rückzugs ist das Kurzbekenntnis von Dietrich Bonhoeffer: »Unser Christsein wird heute nur in zweierlei bestehen: im Beten und im Tun des Gerechten unter den Menschen. Alles Denken, Reden und Organisieren in den Dingen des Christentums muß neu geboren werden aus diesem Beten und diesem Tun.«[8] Im weiteren Verlauf des Taufbriefes ergänzt Bonhoeffer noch eine dritte Dimension: *Das Warten auf Gottes Zeit*. Die Formel fasst den Gedanken der gottesdienstlichen Lebensform knapp zusammen, wird aber meistens ohne Bezug auf das dritte Glied zitiert.

Nicole Hermannsdörfer hat ein lesenswertes Buch dazu geschrieben.[9] Sie verweist auf einen erhellenden Beitrag von Wolfgang Huber. In einem Vortrag auf der Jahrestagung der Bonhoeffer-Gesellschaft kommt Huber auf das Diktum vom Beten und Tun zu sprechen. Bonhoeffer knüpft nach Huber bewusst an der benediktinischen Formel *ora et labora* an, da in ihr »etwas aufbewahrt wird, was in der Beschäftigung der Kirche mit ihrer Selbstverteidigung oder Selbstentfaltung unterzugehen droht.«[10] Gleichzeitig spitzt er diese Formel auf zweifache Weise zu: Einerseits durch die Konkretisierung des *labora* durch die Formulierung »Tun des Gerechten«, andererseits durch die Hinzufügung des Wörtchens nur. In seiner Zweigliedrigkeit hält Huber das Diktum für eine Übertreibung, die Bonhoeffer aber kurze Zeit später durch Hinzufügung des Wartens selbst wieder aufhebt: Aus der Hoffnung auf Gottes Zukunft schöpfen Beten und Tun ihre Kraft: »Um dieser Zukunft willen braucht der Glaubende sich des fragmentarischen all seines Betens und Tuns nicht zu schämen.«[11]

Hermannsdörfer verweist auch auf Michal Plathow, der als einziger Interpret dem Warten den gleichen Stellenwert einräumt wie den anderen beiden Dimensionen. Sein spezielles Verdienst bestehe darin, dass er die von Bethge ausformulierte dynamische Balance von Beten und Tun des Gerechten in Beziehung zum Warten setze: »Warten auf die Zeit Gottes«, so Plathow, »bewahrt das ›Tun des Gerechten‹ vor Selbstverschließung ins ›Vorletzte‹ und das ›Beten‹ vor selbstsüchtigem Wunschdenken. Tun des Gerechten und Beten bewahren das Warten auf die Zeit Gottes vor

---

8 Bonhoeffer, Dietrich, Widerstand und Ergebung, in: Gremmels, Christian u. a. [Hg.], DBW 8, Gütersloh ²2016, 435.

9 Vgl. Hermannsdörfer, Nicole, Gott und Welt in der Theologie Dietrich Bonhoeffers, Leipzig 2020.

10 Huber, Wolfgang, Gehorsam glauben – betend Gerechtes tun. Bonhoeffers Antworten auf Luthers Frage, in: Bonhoeffer Rundbrief 118 (2018), 31–47, 45, zitiert in: Hermannsdörfer, Gott und Welt in der Theologie Dietrich Bonhoeffers, 17.

11 Ebd.

religiöser Weltflucht. Tun des Gerechten – in seiner Bruchstückhaftigkeit und in Schuldbelastung – bleibt dem rechtfertigenden Urteil Gottes und seiner Vollendung im ›Letzten‹ anvertraut. Beten – als Schuldbekenntnis, Bitte, Fürbitte und Dank – wird schon getragen von der hoffnungsvollen Gewissheit der Erhörung seiner Erfüllung im ›Letzten‹ des Reiches Gottes.«[12]

Sich in das Schneckenhaus Christi zurückzuziehen, um das Bild noch einmal aufzunehmen, ist keine Rückkehr in die Vergangenheit, sondern ein Warten in eben diesem beschriebenen Sinne. Es ist mehr ein Hinein als Hinaus, eine Er-Innerung an Jesus Christus, die zum Advent leitet, zum Glauben, dass er gekommen ist, und zur Hoffnung, dass Gott kommt. Wir haben eine Geschichte, die zurück in die Zukunft führt. Das »Re« in Resonanz, so möchte ich es abschließend sagen, verstehe ich mit Barth, Bonhoeffer und Rosa als ein Hinunter zu den Wurzeln unserer Existenz, ein Hinaus in die Welt und ein Hinein zu den Quellen unseres Selbst. Aus dem Gebet und dem gerechten Handeln wächst, während wir Gott erwarten, das Neue. Vielleicht wäre das ein Motto, das Andrew Root passend fände? Back to the roots!

Literatur

Barth, Karl, Das Wort Gottes als Aufgabe der Theologie (1922), in: Finze, Holger (Hg.): Karl Barth-Gesamtausgabe III. Vorträge und kleinere Arbeiten 1922–1925, Zürich 1990, 144–175.

Bethge, Eberhard, Dietrich Bonhoeffer. Eine Biographie, Gütersloh ⁹2005.

Bonhoeffer, Dietrich, Widerstand und Ergebung, in: Gremmels, Christian u. a. (Hg.): DBW 8, Gütersloh ²2016.

Hermannsdörfer, Nicole, Gott und Welt in der Theologie Dietrich Bonhoeffers, Leipzig 2020.

Huber, Wolfgang, Gehorsam glauben – betend Gerechtes tun. Bonhoeffers Antworten auf Luthers Frage, in: Bonhoeffer Rundbrief 118 (2018), 31–47.

Laube, Martin, Eine bessere Welt ist möglich. Theologische Überlegungen zur Resonanztheorie Hartmut Rosas, in: PTh 109 (2018), 356–370.

Plathow, Michael, An Jesus gebunden in der Nachfolge, in: Oecumenica 17 (2005), 25–35.

Rosa, Hartmut, https://www.philomag.de/artikel/hartmut-rosa-ich-will-den-modus-unseres-der-welt-seins-aendern [2019-06-01].

Selvini Palazzoli u. a., Paradoxon und Gegenparadoxon. Ein neues Therapiemodell für die Familie mit schizophrener Störung, Stuttgart 1977.

---

12 Plathow, Michael, An Jesus gebunden in der Nachfolge, in: Oecumenica 17 (2005), 25–35, 34, zitiert in Hermannsdörfer, Gott und Welt in der Theologie Dietrich Bonhoeffers, 26.

Beiträgerin und Beiträger

Andreas Jägers ist wissenschaftlicher Mitarbeiter an der Internationalen Hochschule Liebenzell (IHL). Sein Schwerpunkt ist die christliche Kinder- und Jugendarbeit.

Prof. Dr. Andreas Kubik ist Professor für Praktische Theologie und Religionspädagogik an der Universität Osnabrück. Zu seinen Forschungsschwerpunkten gehören die Theologische Kulturhermeneutik und der Religionsunterricht.

Prof. Dr. Ralph Kunz ist Professor für Praktische Theologie, mit den Schwerpunkten Predigt Gottesdienst und Seelsorge an der Universität Zürich. Darüber hinaus gilt sein Forschungsinteresse u. A. dem Gemeindeaufbau.

Prof. Dr. Andrew Root ist Professor für »Youth Ministry« am Luther Seminary in St. Paul, Minnesota. Er steht für den sogenannten »theological turn« in der Theorie christlicher Jugendarbeit.

Rev. Gretchen Schoon Tanis, PhD, hat zum Thema der christlichen Jugendarbeit in den USA promoviert. Sie arbeitete zehn Jahre lang in einer internationalen Gemeinde der EKD in Deutschland und hatte verschiedene Lehraufträge.